LES APPRENTIS SORCIERS

Jean-Claude Mailly

LES APPRENTIS SORCIERS

L'invraisemblable histoire de la loi Travail

ÉDITIONS LES LIENS QUI LIBÈRENT

ISBN : 979-10-209-0456-0

À toutes celles et tous ceux sans qui ce livre n'aurait pu voir le jour… et ils sont nombreux.

Aux militant(e)s et adhérent(e)s de Force Ouvrière et à toutes celles et tous ceux qui se sont battus et dont le combat continue.

PROLOGUE

Ce n'était pas un poisson d'avril. Et pourtant, on aurait dû se méfier. Le 1er avril 2015, le Premier ministre, Manuel Valls, adressait une lettre de mission à Jean-Denis Combrexelle, ancien directeur général du travail devenu président de la section sociale du Conseil d'État. Cette lettre, qui n'avait fait l'objet d'aucune concertation préalable, se devait « *d'engager une réflexion nouvelle pour élargir la place de l'accord collectif dans notre droit du travail et la construction de normes sociales* ». Il y est affirmé en particulier que les partenaires sociaux ne se saisissent pas suffisamment des souplesses que la loi leur donne pour déroger au cadre réglementaire « standard ». Force Ouvrière alerte immédiatement sur le risque d'inversion de la hiérarchie des normes. Dès ce moment-là, nous prévenons : ce serait une

« ligne rouge ». C'est là que tout a commencé. C'est l'acte 1 de la loi Travail.

Le train fou est lancé.

Pourquoi et comment en est-on arrivé là ?

J'ai voulu comprendre, raconter ces mois de tensions, de rebondissements, de dialogue de sourds et de mobilisations et en tracer la genèse. J'ai voulu remonter les présupposés idéologiques qui ont conduit à cette folle loi. J'ai ressenti le besoin d'y revenir, d'analyser cette période inédite sous un gouvernement dit de gauche. C'est une trace, c'est aussi le droit de savoir pour toutes celles et tous ceux qui se sont mobilisés, ont partagé nos analyses et/ou, au contraire, ont montré une réelle incompréhension. J'ai considéré qu'il était de mon devoir, en ma qualité de secrétaire général, de faire partager au lecteur cette tranche d'histoire sociale, de la décrypter, de la décoder.

Un mot me concernant avant d'aller plus loin. À titre personnel – et ce n'est pas un scoop –, je suis adhérent du Parti socialiste depuis 1986 (à l'instar d'ailleurs de mes prédécesseurs, André Bergeron et Marc Blondel) sans y militer, mandat syndical oblige. C'est une question d'histoire politique et syndicale (à la création de FO, la SFIO incitait ses adhérents à se syndiquer à FO), une question d'histoire personnelle (né dans le Pas-de-Calais dans une famille d'option socialiste, laïque, libre-penseur). C'est aussi une question, bien entendu, de convictions. Cela reste compatible avec l'indépendance syndicale dans la mesure où les positions que je défends ou que je prends sont l'émanation du mandat confié et vérifié par les instances de Force Ouvrière. Je pense d'ailleurs avoir montré cette indépendance. Je ne donne jamais de consignes de vote. Et je suis libre. Ce pouvoir m'a assez vite fait comprendre que j'étais le seul secrétaire général de confédération syndicale adhérent au Parti socialiste, mais aussi celui qui les ennuyait le plus (la vérité m'oblige à écrire que c'est le terme « emmerder » qui avait été utilisé).

Je me souviens que Nicolas Sarkozy n'a jamais réussi à comprendre. Quand il découvrit tardivement (les services de communication et de renseignement ne sont pas parfaits !) que j'étais adhérent du Parti socialiste, je devenais en quelque sorte un ennemi. Avoir eu une expérience syndicale peut aussi être utile à un dirigeant politique ! Et quand Laurent Berger, secrétaire général de la CFDT, pense que lui est indépendant car il n'a aucune adhésion politique, cela me confirme que nous n'avons effectivement pas les mêmes conceptions et pratiques. Il est vrai que la CFDT a tendance parfois à se considérer à elle seule comme un mouvement social et politique.

Mon histoire personnelle explique aussi que, parmi les responsables gouvernementaux et politiques actuels, j'en connais bon nombre depuis longtemps, les tutoyant en privé. Je tutoie évidemment aussi des politiques de droite. J'ai pu créer des relations de confiance et de respect avec des hommes comme Xavier Bertrand ou Christian Jacob, que j'ai connu militant dans le syndicalisme agricole. Voilà qui je suis.

Dans la *Divine Comédie*, Dante écrit: «*Qu'ici l'on bannisse tout soupçon, qu'en ce lieu s'évanouisse toute crainte*». Je ne prétends pas détenir la vérité: «*La vérité est un mensonge*», dit Ben. Mais cet ouvrage constitue ma vérité. Mieux comprendre pour en tirer des leçons, tant sur la méthode que sur le fond, voilà mon propos. «*Le courage c'est d'aller à l'idéal et de comprendre le réel.* [...] *le courage c'est de chercher la vérité et de la dire, c'est de ne pas subir la loi du mensonge triomphant qui passe, et de ne pas faire écho, de notre âme, de notre bouche et de nos mains aux applaudissements imbéciles et aux huées fanatiques.*» Jean Jaurès prononce ces phrases en 1903, dans son discours à la jeunesse. Elles sont on ne peut plus d'actualité.

Les prémices

À l'été 2015, Jean-Denis Combrexelle travaille sur le rapport demandé par le Premier ministre tout en consultant les interlocuteurs sociaux. Ce même été, la loi dite « Rebsamen » sur la modernisation du dialogue social est adoptée après l'échec de la négociation avec le patronat. Le ministre du Travail annonce, après le décès de son successeur et ami à la mairie de Dijon, qu'il entend revenir dans sa ville. Après avoir indiqué qu'il pourrait temporairement assumer les fonctions de maire et de ministre, l'Élysée change d'avis. Et annonce le départ rapide du ministre en vertu de la règle du non-cumul des mandats. François Rebsamen avait accepté ce poste sur demande pressante, pour des raisons politiques, du président de la République, dont il est proche. Il souhaitait le ministère de l'Intérieur, on lui demande d'aller au 127, rue de Grenelle. Un signe déjà.

L'homme, rompu aux rapports de force, attachant et convivial, fin connaisseur du monde politique, aura accompli loyalement sa tâche vis-à-vis de François Hollande ; il préfèrera cependant reprendre sa liberté. Le Travail n'était certes pas son terrain de prédilection, mais il n'est pas obligatoire d'être un spécialiste pour être un bon ministre du Travail. Tous les cas se sont présentés. Parmi les bons ministres en la matière ont figuré des connaisseurs, comme Martine Aubry, ou des néophytes, comme Xavier Bertrand.

À l'annonce du départ de François Rebsamen, le concours des « papabili » est rapidement lancé. Parmi les noms régulièrement cités figurent Stéphane Le Foll (aux prises avec les dossiers agricoles), Bruno Le Roux (qui piaffe d'être ministre), Emmanuel Macron (qui reprendrait le Travail en plus de l'Économie… ce qui apparaîtra pour beaucoup comme une provocation), Alain Vidalies et Jean-Marc Germain (deux spécialistes du social).

Tout en indiquant que François Rebsamen n'avait pas démérité, j'ai suggéré le nom de Jean-Marc Germain : il connaissait les dossiers (il l'avait notamment montré comme rapporteur en 2013 de la loi dite de « compétitivité et de sécurisation de l'emploi ») et il saurait faire respecter ce ministère face à Bercy et au libéralisme économique ambiant. Sa proximité avec Martine Aubry, son franc-parler, ses exigences sur le travail et le social l'auront au contraire politiquement écarté.

Le 2 septembre 2015, à la surprise de tous, Myriam El Khomri est nommée ministre. Aucun remaniement ministériel n'est nécessaire puisqu'elle fait déjà partie du gouvernement en qualité de secrétaire d'État chargée de la Ville. Je ne la connaissais pas. Comme beaucoup d'autres, « l'ami Google » m'apprit qui elle était.

Une prise de contact est rapidement organisée. L'échange est cordial, la ministre se montre attentive et pose des questions. Elle prend en quelque sorte possession du portefeuille. Elle était accompagnée de Pierre-André Imbert, son directeur de cabinet, compétent, bosseur, cordial. Avec Pierre-André Imbert nous avions tous les deux un ami commun, Xavier Lacoste, trop rapidement disparu dans la fleur de l'âge pendant l'été 2015. Tous deux avaient notamment travaillé avec Raymond Soubie, une bonne école de formation au social et à la négociation.

Le 7 septembre, le président de la République confirme l'annonce d'une loi « *dans les prochains mois* » pour rendre le Code du travail « *lisible* » et « *mieux adapté* » aux entreprises. Des documents fuitent, dont ceux de l'Institut Montaigne et de Terra Nova. Les pistes fusent. Jean-Denis Combrexelle remet son rapport à la même époque et les premières réactions tombent. FO considère qu'il s'inscrit dans une décentralisation de la négociation collective, c'est-à-dire une tendance à l'inversion de la hiérarchie des normes. Pour moi, ce texte est bien écrit, avec des non-dits toutefois: il a un côté «sioux». Ainsi, les exemples cités, en particulier sur le temps du travail, vont dans le sens des dérogations. Sans plus de précision sur le contenu du nouveau Code du travail, nous risquons d'en avoir demain un «light», ce qu'au niveau international on nomme «*soft law*». *Les Échos*[1] résument parfaitement l'ambiance: «*Côté patronal le champagne est quasiment déjà sorti au Medef, où on se réjouit que " l'idée de privilégier les accords d'entreprise prospère " dans un pays désormais "mûr"*». La CFDT, elle, se déclare, selon son numéro deux, «*ouverte à étudier tout ce qui permet de simplifier et renforcer le dialogue social en lui transférant des prérogatives de la loi*».

Quelques jours plus tard, je tiens avec le bureau confédéral une conférence de presse où je confirme nos analyses. Pour moi, il ne faudrait pas que, faute d'inverser la courbe du chômage, le gouvernement inverse celle des normes. Cette question va être

1. 9 septembre 2015.

au centre de toute la bataille contre la loi Travail. Il est temps d'expliquer ma philosophie sur ce point essentiel. Concernant les relations entre loi et contrat, deux conceptions s'affrontent. L'une, notamment défendue par FO, en vertu de l'indépendance syndicale, considère que les lois sont de la responsabilité des pouvoirs publics (gouvernement et Parlement). Que les pouvoirs publics consultent est indispensable, que les syndicats de salariés et d'employeurs fassent connaître leurs positions est tout aussi nécessaire, mais, *in fine*, la loi reste de la responsabilité du Parlement. D'autres considèrent que le contrat doit s'imposer à la loi, ou du moins que la loi doit reprendre intégralement le contenu d'un accord signé. Cela signifie que les élus de la nation sont sous la coupe des interlocuteurs sociaux, que les intérêts particuliers s'imposent à l'intérêt général. Cela porte un nom : le corporatisme.

Dans une tribune publiée par *Le Monde*, le 15 juin 2011, pendant la campagne électorale présidentielle de 2012, François Hollande s'inscrivait dans la deuxième conception. Il expliquait : « *Ainsi la Constitution devrait garantir à l'avenir une véritable autonomie normative aux partenaires sociaux. Il s'agirait désormais de reconnaître un domaine à cette même négociation collective en précisant son périmètre comme son champ d'intervention et en conditionnant la conclusion d'accords au respect des règles majoritaires*». Concrètement, le gouvernement et le Parlement seraient juridiquement liés par le contenu de conventions signées entre partenaires sociaux sur des sujets bien précis et avec la vérification du mécanisme de représentativité. Alain Supiot, juriste spécialiste du travail, soulignait quant à lui : « *Le propre du néolibéralisme est de renverser cette hiérarchie (selon laquelle les calculs économiques sont placés sous l'égide de la loi) et de faire de la loi l'expression de calculs d'utilité économique* »[1].

Schématiquement, concernant le travail, l'ordre public se décline de la manière suivante : la Constitution et les conventions internationales ayant valeur constitutionnelle ; les lois et règlements ; les accords nationaux interprofessionnels ; les accords nationaux de branche ; les accords d'entreprise. Aucun des quatre derniers niveaux ne peut déroger aux règles définies dans le niveau supérieur. C'est ce qu'on appelle la hiérarchie des normes.

Grâce à ce principe et au rôle joué en particulier par la branche, les travailleurs en France sont les mieux couverts au monde, selon l'OIT[2], en matière

1. Mediapart, 3 mai 2016.
2. Organisation internationale du travail.

de conventions collectives. Plus de 90 % des travailleurs sont en effet couverts, y compris par les conventions collectives nationales. De nombreux autres pays, économiquement comparables, ont des taux nettement inférieurs à 50 %. Ce système n'est certes pas facteur de syndicalisation, puisque les droits négociés s'appliquent à tous, mais il est républicain et protecteur pour l'ensemble des salariés. En outre, il permet d'obtenir des droits largement comparables à ceux dont bénéficient les salariés de pays de même niveau. Au fil du temps (1982/2004/2008), des dérogations ont été introduites par la loi, mais la priorité au niveau supérieur demeure, préservant le principe de la hiérarchie des normes. C'est ce que remet en cause la loi Travail en inversant la formule qui devient, en premier lieu pour le temps de travail : « un accord d'entreprise ou, à défaut, un accord de branche ».

Cette inversion de la hiérarchie des normes (le fameux article 2 du projet de texte) sera un des points les plus inacceptables et contestés de la loi Travail. C'est pourquoi j'ai voulu expliquer dès le début notre hostilité à cette philosophie. Mais nous n'en sommes qu'aux prémices.

Lors de la conférence de presse sur le rapport Combrexelle, je resitue le dossier dans son contexte européen. Une étude menée par l'Institut syndical européen[1] sur les grandes tendances de l'évolution du travail en Europe décrit particulièrement, outre la modération salariale, la décentralisation de la négociation collective au niveau de l'entreprise. Imposée en Grèce par la Troïka, mise en œuvre dès 2008 en Espagne et au Portugal, elle a conduit à un effondrement des accords et du nombre de salariés couverts par une convention collective. Ainsi, en Espagne, en quatre ans, ce nombre est passé de 12 millions à 7 millions. Je ne manquerai pas d'ailleurs de mentionner l'exemple espagnol à Manuel Valls. Au Portugal, le nombre de salariés couverts par une convention collective s'est effondré, entre 2008 et 2012, de 1,9 million à 328 000 et le nombre d'accords sectoriels a été divisé par 4, le nombre d'accords d'entreprise par 2,5. Concernant la Grèce, l'Organisation internationale du travail (OIT), dans un rapport du Comité pour la liberté syndicale, a souligné la violation des conventions 87 et 98, deux conventions fondamentales relatives à la liberté d'association et à la liberté de négociation. Et je ne parle pas d'autres tendances nationales et européennes à l'œuvre de manière restrictive sur le temps de travail ou le droit des licenciements.

1. Institut syndical européen - European Trade Union Institute, *Benchmarking Working Europe 2015*, ETUI-CES.

L'exemple allemand est éloquent : après avoir vu dans nombre de secteurs la négociation de branche s'étioler, conduisant également à une baisse importante du nombre de salariés couverts, ce pays a fait en quelque sorte marche arrière en créant un smic et en mettant en place une procédure d'extension des accords collectifs. En Allemagne, l'emploi dit standard ne concernait plus que 66 % de la main-d'œuvre et la pauvreté/précarité est importante. Comme l'explique mon camarade et ami Reiner Hoffmann, président du DGB allemand, il y a 32 millions de salariés couverts par le système social, 10 millions d'emplois atypiques et 5 millions de « mini-jobs ». Quant au nombre de chômeurs de longue durée, il n'a guère diminué après les lois Hartz-Schröder du début des années 2000. Je note également qu'aucune étude n'avait démontré que la déréglementation du marché du travail créait de l'emploi, y compris celle de l'OCDE en 2013.

J'insiste en particulier sur le fait que le niveau de l'entreprise pour la négociation était celui où le rapport de force était le plus déséquilibré en faveur des employeurs, notamment en cas de difficultés économiques. C'est à ce niveau que les salariés et les syndicats étaient confrontés au « chantage-dilemme » : vous acceptez de revoir certains droits ou nous licencions !

Force Ouvrière n'est pas opposée à ce que l'on peut appeler une simplification du Code du travail, nombre de ses dispositions étant d'ailleurs issues des organisations patronales, mais à droits constants pour les salariés.

Le 16 septembre, la ministre du Travail adresse une lettre aux interlocuteurs sociaux précisant que, sur la base du rapport Combrexelle, un projet de loi serait préparé[1]. Aucun autre document ne nous sera adressé avant le projet de loi, le rapport Combrexelle étant un rapport, non un document d'orientation du gouvernement. D'ailleurs, le gouvernement suscitera sur cette question d'autres rapports, comme ceux de MM. Badinter et Lyon-Caen ou de M. Cesaro.

C'est en octobre 2015 que se tient la quatrième conférence sociale depuis l'élection de François Hollande. Autant la première, quelques semaines après son entrée à l'Élysée, fut un vrai lieu de débats, autant tout s'est gâté dès la deuxième en 2013. À l'époque, j'avais même lancé : « *Tout le monde s'emmerde* ». En 2014, cela s'envenime. En effet, face à des annonces considérées comme intempestives du Premier ministre à la veille de la conférence, plusieurs syndicats, dont FO, la boycottent dès après l'échange avec le président de la République.

1. Cf. Annexe 2.

Nous voilà donc au milieu de cette grand-messe sociale. Je retiendrai de l'échange avec le président de la République une divergence importante de vues. Nous sommes quelques semaines avant les élections régionales.

«Il y a un risque politique et démocratique, analyse le président.

– Ce qui joue en France comme en Europe ce sont les questions économiques et sociales, il faudrait mettre fin à la logique rigueur/austérité. C'est sur cela que prospèrent les populismes.

– C'est surtout sur les questions identitaires, me rétorque François Hollande.

– On a un désaccord.»

Plus tard, le chef de l'État ajoute : « *Ce serait plus simple s'il n'y avait qu'une seule organisation syndicale et patronale*». Je lance de la salle : « *Et un seul parti*».

Lors des travaux de la conférence sociale, plusieurs chantiers sont lancés, dont la création du compte personnel d'activité (CPA) et le plan de formation des chômeurs de longue durée. Concernant le CPA, la ministre du Travail annonce qu'elle présentera, à la fin du mois, un document aux interlocuteurs sociaux avant l'adoption d'un projet de loi au Parlement début 2016. Et le président confirme qu'il n'y aura pas d'inversion de la hiérarchie des normes.

C'est aussi à cette période que FO, comme les autres organisations, transmet au ministère du Travail sa réaction/contribution au rapport Combrexelle. Nous y redonnons une place importante au niveau de la branche pour la négociation collective. Nous proposons également de revoir l'article L1 du Code du travail en demandant de définir la notion d'urgence, qui permet aujourd'hui à un gouvernement de ne pas consulter les interlocuteurs sociaux. Intuition prémonitoire ! Nous réaffirmons, par ailleurs, notre opposition au principe de l'accord majoritaire à 50 %, qui sert à justifier des restrictions de droit pour les salariés. Enfin, concernant le contrat de travail, en vertu du principe général de la force obligatoire et de l'intangibilité du contrat, nous considérons que l'accord collectif ne doit pouvoir s'appliquer au contrat que si une clause en a expressément mentionné la possibilité. Tout était déjà là. Ces débats seront au cœur du projet de loi El Khomri.

Manuel Valls annonce, le 4 novembre 2015, les grandes lignes de la future réforme du Code du travail intitulée : « Simplifier, négocier, sécuriser : un Code du travail pour le XXIe siècle ». Reprenant certaines préconisations du rapport Combrexelle, le Premier ministre fait plusieurs annonces : il confie deux missions, l'une à l'IGAS en matière de formation et de lieux de réflexion sur la négociation collective, l'autre à

Jean-François Cesaro (professeur de droit) sur la simplification des règles de révision et de dénonciation des accords et le périmètre des avantages individuels acquis. Il lance la concertation sur l'extension du principe de l'accord majoritaire. Il promet une refondation du Code du travail. Tel est le cœur du réacteur. Il s'agit de changer l'architecture du Code du travail, de procéder à une réécriture complète sous deux ans.

Dans l'esprit du Premier ministre, le nouveau texte aura plusieurs niveaux. Le premier est celui de l'ordre public social comprenant les droits fondamentaux garantis à tous, sans possibilité d'y déroger « in malus ». Robert Badinter, accompagné notamment du professeur Lyon-Caen, présidera une mission des sages pour définir ces principes fondamentaux. En donnant le nom du père de l'abolition de la peine de mort, Manuel Valls insiste lourdement sur son incontestable appartenance à la gauche. Comme s'il cherchait une caution, ou plutôt un alibi. Le deuxième niveau (ordre public conventionnel) comprendrait les domaines ouverts à la négociation collective et définirait l'articulation entre la branche et l'entreprise, ainsi que les domaines sur lesquels l'accord d'entreprise ne pourra pas déroger défavorablement à l'accord de branche. Enfin, le dernier niveau définira les règles applicables en l'absence d'accord, c'est-à-dire les règles supplétives.

Sans attendre, le gouvernement entend s'attaquer à la réécriture du Code du travail concernant la durée du travail, des repos et des congés. Face à ces annonces et même si le Premier ministre, comme le président de la République avant lui, affirme que la hiérarchie des normes ne sera pas remise en cause, les ambiguïtés et contradictions laissent planer le doute. Rien n'est garanti.

Force Ouvrière souligne ainsi plusieurs risques majeurs : quels seront les droits définis dans l'ordre public social ? Seront-ils rabougris ? Quel sera le champ de l'ordre public conventionnel ? Sera-t-il lui aussi ramené à la portion congrue ? Quelles seront les règles amenées à suppléer l'absence d'accord ? Ce qui est en jeu, c'est bien la question même de la construction du droit du travail, droit de protection du travailleur et d'encadrement du pouvoir patronal. Le passage de la norme légale à la norme négociée élargirait le pouvoir du juge et n'apporterait pas de sécurité juridique. Toutes les formules du type « complexité, obésité ou archaïsme du Code du travail » sont des lieux communs visant à affaiblir les salariés alors que la subordination du travailleur devient de fait plus insidieuse et envahissante. Quand on veut tuer son chien, on l'accuse d'avoir la rage… Le Code du commerce ou des impôts n'est pas plus simple. Et pourtant, ceux-là, personne ne veut les réécrire. Enfin, le Premier ministre annonce la poursuite du chantier de restructuration des branches professionnelles pour les faire passer en deux ans de 700 à 200 et une réflexion pour mieux tenir compte des particularités des TPE et PME. Au final, le doute et les risques sont loin d'être levés pour FO, et les inquiétudes persistent.

Les attaques terroristes du 13 novembre 2015 au Bataclan, au Stade de France et sur les terrasses parisiennes meurtrissent profondément le pays. Les 130 morts et les 413 blessés marquent durablement les Français. En début d'année *Charlie Hebdo* avait été la cible d'un autre acte terroriste au cours duquel plusieurs journalistes et dessinateurs avaient été exécutés, s'en prenant à la liberté d'expression. Face à cette nouvelle attaque, le président décrète l'état d'urgence. À l'occasion d'une réunion à Matignon avec les interlocuteurs sociaux, Manuel Valls souligne que la liberté de manifester ne sera pas remise en cause. Une bonne mesure à mes yeux. J'ajoute : « *Si vous ne voulez pas de manifestation, renoncez à la réforme du travail* ». Il refuse, bien entendu.

Le mois de décembre débute avec l'élection du président du Conseil économique social et environnemental. Le président sortant Jean-Paul Delevoye est candidat au renouvellement. Il est soutenu notamment par FO, considérant qu'il n'a pas démérité, qu'il a remis de l'ordre dans la gestion, que c'est un humaniste, mais aussi, je dois dire, par fidélité.

Un autre candidat, issu du Medef, se présente: Patrick Bernasconi. La campagne dure depuis quelques mois. Il est notamment soutenu par la CFDT, le Medef, des personnalités qualifiées, l'UNSA, la CFTC et la CFE-CGC. Depuis quelque temps, un homme s'active pour lui. Jean Grosset, alias « Saïgon » chez les lambertistes, a rejoint le PS avec Jean-Christophe Cambadélis au milieu des années 80. Ancien FO passé à l'UNSA, il vient récemment de passer de l'UNSA au poste de conseiller social auprès de Jean-Christophe Cambadélis (ce que j'appelle en souriant la « reconstitution de ligue dissoute »). C'est un intrigant, toujours prompt à préparer des coups parfois ratés. Mais là ce fut réussi. En accord notamment avec la CFDT et le Medef, avec la bienveillance de l'Élysée, il obtient l'élection de Patrick Bernasconi, celui qui négocia en 2008 pour le Medef le dossier de la représentativité syndicale.

Après les élections régionales, Jean-Pierre Raffarin lance l'idée d'un pacte républicain contre le chômage. Manuel Valls et Pierre Gattaz donnent leur accord de principe. Le président de la République, lui, appelle l'opposition à la « *concorde* » nationale, pour répondre aux conséquences des crises. Ce pacte gauche-droite-patronat d'unité nationale ou de concorde ne me dit rien qui vaille. C'est la pensée unique libérale dont on mesure déjà l'échec en termes d'emploi, de précarité ou de croissance. C'est une union destinée à nier le rapport de force. Les contradictions sont faites pour être dépassées, l'union nationale est faite pour anesthésier les différences et divergences.

Les vœux du chef de l'État sont, cette fois-ci, surtout consacrés au terrorisme et à l'action des pouvoirs publics, avec notamment le débat sur la déchéance de nationalité. En matière sociale, François Hollande annonce un plan de formation pour 500 000 chômeurs.

L'année 2016 sera celle de la plus importante contestation sociale du quinquennat. Le social est dans toutes les têtes. Une rencontre bilatérale avec la ministre du Travail, le 5 janvier, a pour objet de préparer la future rencontre avec le Premier ministre, en particulier sur les questions de l'emploi et de la formation des chômeurs annoncées sans plus de précision lors des vœux du président de la République.

Avec Manuel Valls, les relations ne sont pas très fluides. Je le connais mais pas très bien. Autant il aime l'autorité et les références républicaines – ce qui est en soi positif –, autant l'économie et le social ne sont pas ses terrains de prédilection. Il a une culture républicaine et un comportement autoritaire, mais nos sujets l'intéressent moins. Hormis les contacts officiels, en délégation ou avec l'ensemble des interlocuteurs sociaux, les contacts dits «off» (c'est-à-dire non inscrits à l'agenda du Premier ministre) sont plus occasionnels et en tout cas moins nombreux qu'avec son prédécesseur, Jean-Marc Ayrault. L'ambition politique – ce qui n'est pas un défaut –, son positionnement à l'aile droite du parti sur les questions économiques et sociales, son tempérament, tendent à ce qu'il classe assez rapidement les gens dans les colonnes ennemies ou amies. Les compromis deviennent aussitôt particulièrement difficiles. Cela se sent dans les rencontres où pointe parfois sa nervosité.

Avec Jean-Marc Ayrault, les relations étaient différentes. Il pouvait contrebalancer le président sur sa ligne économique trop libérale tout en restant loyal. Manuel Valls ne contrebalancera jamais le penchant du président. Au contraire. Jean-Marc Ayrault est un vrai social-démocrate. Il cherche toujours à équilibrer les plateaux de l'économique et du social. Il a une vraie culture, historique aussi, des relations sociales et syndicales. Les contacts étaient assez nombreux, y compris avec son équipe. J'ai apprécié son conseiller social, Christophe Devys, un homme de talent, droit, sincère et agréable. La méthode retenue sur la mise en place du CICE (crédit d'impôt compétitivité emploi), un dossier pourtant épineux, est éclairante. Après la remise du rapport Gallois sur la compétitivité prix et hors prix (on a trop souvent tendance à oublier ce deuxième terme), le CICE fut décidé. Crédit d'impôt ou réduction de cotisations sociales et patronales? Les deux options étaient sur la table. Après avoir largement consulté et écouté les uns et les autres, Jean-Marc Ayrault a tranché pour le crédit d'impôt, réussissant, ce faisant, à bâtir un quasi-consensus général.

Le 11 janvier, face à Manuel Valls, après avoir abordé ces sujets et évoqué les questions de leur financement, la nécessité de renforcer l'AFPA, la prise en charge des chômeurs âgés de longue durée, FO réaffirme la nécessité de réorienter la politique économique générale afin de sortir du cycle de rigueur-austérité. Ainsi que la révision du pacte de responsabilité, afin de cibler les aides aux entreprises. *Bis repetita placent!*

Depuis plusieurs années, j'explique en effet qu'en France comme ailleurs l'austérité est triplement suicidaire, qu'elle soit de droite, de gauche ou syndicale. Elle est suicidaire socialement, car elle rogne et remet en cause les droits des salariés, accroît le chômage, la précarité et les inégalités. Elle est suicidaire économiquement, car elle freine l'investissement et l'activité économique. Elle finira par être suicidaire démocratiquement, car elle génère, en France comme ailleurs, des mouvements dits populistes du rejet de l'autre.

Toujours à l'occasion de ce rendez-vous, le Premier ministre aborde le plafonnement des indemnités de licenciement. Nous marquons notre opposition. Cela risque de contrecarrer le pouvoir d'appréciation du juge et aurait aussi pour effet de faire dériver les motifs de licenciement sur les cas de harcèlement et de discrimination qui, eux, ne peuvent pas être plafonnés. Mais pour le Premier ministre cette disposition devait figurer dans le projet de loi Travail. J'ai également saisi l'occasion de ce rendez-vous pour rappeler notre extrême vigilance sur la hiérarchie des normes et l'articulation des niveaux de négociation. Tout était déjà sur la table. Enfin, j'ai de nouveau souligné que le gouvernement devait tenir compte – ce qu'il ne faisait pas – des résultats de notre plainte au BIT sur la libre désignation du délégué syndical.

Quelques jours plus tard, le président de la République adresse ses vœux aux «forces vives» de la nation dans les locaux du Conseil économique, social et environnemental. Je m'attendais essentiellement à ce que le chef de l'État, comme l'avait indiqué le Premier ministre, précise les modalités des actions en termes d'emploi et de formation. Finalement, nous assistons une fois de plus à des annonces sans concertation préalable. Cela devient une habitude. François Hollande est peut-être le président qui parle le plus de dialogue social mais celui qui en fait le moins.

Si un point commun s'est dégagé ces derniers mois, ce sont les ratés en matière de méthode gouvernementale : consultations partielles et insuffisantes, absence de respect de l'article L1 du Code du travail, obligeant notamment le gouvernement à produire au préalable un document d'orientation, publication dans les médias de la première version du projet de loi et de l'idée du référendum, refus systématique des propositions et contre-propositions en matière de méthode, tentative de rattrapage par des consultations officielles mais vaines car relevant essentiellement de la communication, absence de réponse du président de la République à une lettre commune du 20 mai des sept organisations dans l'action, triple recours au 49.3, etc.

C'est un échec sur toute la ligne et toute la période. Le gouvernement et l'Élysée ont même dû reconnaître leurs insuffisances en la matière, au moins pour la première période de la loi Travail. À mon sens, plusieurs explications se combinent. Un certain amateurisme caractérise cette équipe : peu de personnes ont l'expérience d'une réforme sociale importante et de la manière de la mener. Le périmètre de la loi fluctue. Le projet a plusieurs pilotes : l'Élysée, Matignon, le ministère du Travail, Bercy. Et du coup, c'est le crash assuré. Chez les socialistes demeure cette idée pour le moins étrange qu'ils savent mieux que les syndicats ce qui est bon pour les salariés. Ils croient aussi que l'accord implicite ou explicite de deux confédérations sur cinq (CFDT et CFTC) et du Medef va leur suffire. Le véritable échec de méthode renvoie inévitablement au fond du dossier. « *La forme c'est du fond qui est remonté à la surface* », disait avec raison Victor Hugo. La loi Travail, de ce point de vue, restera dans les annales. Avec ce pouvoir, c'est le dialogue social version gruyère avec beaucoup de trous.

La transformation du CICE en baisse durable des cotisations patronales, sans un mot pour garantir le financement de la protection sociale collective, la possibilité de déroger directement aux normes sociales dans les entreprises, notamment sur les heures supplémentaires, la modification de l'assurance chômage pour plus former et moins indemniser, telles sont les principales annonces. Je sors de ces vœux aux forces vives agacé. Je viens d'assister à la présentation d'un programme libéral avancé. Alors que je m'enquiers des raisons de ces annonces sans concertation, on m'explique que le texte a été modifié jusqu'à la dernière minute et qu'il faut notamment y voir la patte d'Emmanuel Macron et de Jean-Pierre Jouyet. Emmanuel Macron a beaucoup pesé sur la politique économique clairement libérale du quinquennat quand il était à l'Élysée et lorsqu'il est devenu ministre de l'Économie, il pèse encore, en *off* surtout. Sa rivalité avec le Premier ministre a beaucoup joué dans l'élaboration et la coloration de cette loi.

Le 25 janvier dans la soirée, la ministre du Travail me téléphone pour m'indiquer que le journal *Les Échos* va sortir l'idée du référendum d'entreprise, alors que nous n'en avions pas parlé. Je lui réponds que le référendum est loin d'être notre tasse de thé et que nous en reparlerons lors de notre rencontre deux jours plus tard. Ce rendez-vous a, de fait, beaucoup porté sur le référendum auquel elle semble tenir, notamment parce que les accords à 50 % de majorité étaient parfois difficiles à obtenir. Le dossier FNAC sur l'ouverture du dimanche l'a prouvé ! Dès lors, il fallait contourner ces 50 % en rendant possible, à la demande des syndicats signataires, un référendum.

Je développe nos analyses : l'outil référendaire est un outil binaire (oui/non) et on ne répond pas toujours à la question posée. La mise en place du référendum supprime le droit d'opposition des syndicats non signataires. Or ce système offre au syndicat trois options : il signe, ne signe pas mais ne s'oppose pas, ne signe pas et s'oppose. Supprimer le droit d'opposition c'est donner une prime aux signataires minoritaires et à l'employeur. Les campagnes référendaires dans les entreprises vont générer pendant un ou deux mois des troubles et tensions. Ce qui m'a été confirmé par plusieurs DRH. Enfin, le référendum est un outil de court-circuitage des syndicats[1].

Lors de cette rencontre, peu de réparties de la part de la ministre, mais pas d'ouverture non plus. Elle reste arc-boutée (comme la CFDT) sur le fait que, si un accord est signé à 50 % ou à 30 % avec référendum, il est majoritaire, donc c'est un bon accord ! Là encore elle oublie les pressions à l'œuvre dans les entreprises ou feint de les oublier.

Le 8 février 2016, les discussions sur la mise en place du CPA[2] avec le patronat se terminent par un projet de position commune. FO a pesé. On a alerté sur le danger d'usine à gaz. Dans un premier temps mieux vaut le limiter (au compte personnel de formation et au compte pénibilité) et s'assurer qu'un droit individuel soit collectivement défini et encadré. Cette négociation avec le patronat porte sur le secteur privé. Et si le gouvernement envisage, lui, de l'étendre au public, les fonctionnaires FO ne l'entendent pas ainsi, préférant conserver le système dit

1. Cf. le cas de l'entreprise Smart.
2. Compte personnel d'activité.

de « service actif [1] ». Finalement, un nouveau blocage du Medef conduira à ce que cette position commune ne soit pas acceptée.

Les discussions et négociations avec le Medef sont de plus en plus ardues. La façon dont cela se passe, la méthode, ou plutôt l'absence de méthode, m'avaient conduit en janvier 2015 à écrire à l'ensemble des interlocuteurs sociaux[2]. Cette lettre avait provoqué plusieurs réunions qui, *in fine*, n'ont pas débouché, suite au blocage du Medef.

Avec Pierre Gattaz les relations sont difficiles. Son arrivée au Medef marque deux ruptures. La première vient des secteurs qui ont, dès l'origine, appuyé sa candidature, à savoir les services et plus particulièrement les banques et assurances. Historiquement, c'était surtout l'industrie, et notamment l'UIMM[3], qui pesait le plus. La confrontation entre les deux ailes, la plus libérale et la plus sociale, persiste. On l'a vu lors des négociations sur les retraites complémentaires ou l'assurance chômage. Le négociateur Medef sur les retraites complémentaires venait des assurances privées, cela n'était pas anodin : on a frôlé le conflit d'intérêts. La deuxième rupture tient à la personnalité

1. Départ anticipé pour une catégorie de personnel en fonction du travail effectué.
2. Cf. Annexe 3.
3. Union des industries et métiers de la métallurgie.

du patron du Medef. Pour caricaturer quelque peu, Pierre Gattaz pense que la France doit être gérée comme son entreprise, Radiall. Depuis son élection, il répète le même refrain : baisse des prélèvements sur les entreprises, plus de souplesse pour les entreprises, réduction drastique des dépenses publiques. Il connaît bien le service public, puisque – comme il le dit lui-même – sa femme y a exercé quelque temps ! Et surtout il ne cherche pas à comprendre le raisonnement de son interlocuteur. Or, dans une négociation, il faut non seulement défendre ses positions, mais aussi chercher à comprendre celles de son interlocuteur. C'est une des conditions pour esquisser un compromis. C'est maintenant mission impossible pour lui.

Au début de son mandat, il propose que patronat et syndicats travaillent ensemble sur un projet 2020 pour la France. Je lui réponds qu'il est président du Medef et non Premier ministre, que ce n'est ni son rôle ni celui de la négociation collective. Il ne m'a pas compris. Persuadé d'avoir raison, il considère que tous ceux qui ne sont pas d'accord avec lui sont contre l'emploi ! Je me souviens lui avoir dit un jour que nos relations s'apparentaient à l'incommensurabilité des univers intersubjectifs de la pensée. C'est une des raisons pour lesquelles il veut m'apprendre l'économie ! Son mandat, comme le mien, se termine en 2018. Je souhaite, simplement, pour mon successeur un autre président du Medef.

Les relations avec Laurence Parisot étaient plus fluides. Elle est deux fois libérale : libérale au sens économique, libérale au sens philosophique et sociétal. Nos relations furent parfois tendues, nous avons eu une explication en tête à tête sur notre manière de fonctionner. Ainsi nous avons pu, ensuite, nouer une relation de confiance et respect. Aujourd'hui encore nous entretenons des contacts et, ce qui parfois peut surprendre certaines âmes binaires, un lien d'amitié s'est noué.

En ce début de février 2016, si nous n'avons toujours pas de texte de loi Travail, des bribes nous parviennent oralement ou par les médias.

Le 10 février, sur Questions d'info (LCP – France Info – *Le Monde* – AFP), j'ose une formule qui n'est peut-être pas des plus adroites : je me demandais parfois si le projet El Khomri n'était pas plutôt le projet « El Macron ». Je considère qu'Emmanuel Macron comme Jean-Pierre Jouyet, secrétaire général de l'Élysée, tous deux très libéraux, sont très influents.

À cette période, je suis incité à prendre rendez-vous avec François Hollande. La rencontre aura lieu le 16 février en présence de son conseiller social.

Avec le président de la République, les relations n'ont jamais été simples. Je le voyais de temps en temps lorsqu'il était premier secrétaire, mais nous n'avons jamais été proches. Le social de manière générale n'est pas son histoire. Sur le plan économique global, François Hollande est plutôt de conception libérale. C'est le choix qu'il a fait en acceptant le pacte budgétaire européen, et il a confirmé cette orientation avec le CICE, puis le Pacte de responsabilité. Dans ceux qui suivent l'économie dans ce pouvoir, on cherche les keynésiens ! François Hollande est convivial, disponible. Les SMS fonctionnent, il y répond toujours. Mais il est difficile d'avoir une réponse précise, comme s'il se préservait en ne se dévoilant pas ou en attendant de prendre position. Quand on sort de son bureau, on se demande toujours ce qu'il va faire, on n'en sait guère plus qu'en entrant. De plus en plus souvent, les décisions qu'il prend ne font pas l'objet de consultations. J'en viens à me dire que le voir ne sert à rien.

Je n'oublierai jamais le réveillon 2013. Comme chaque année, je m'oblige à regarder les vœux du président avant d'aller fêter la nouvelle année. Cela me prend dix minutes, je les commente parfois dans les médias puis, comme tout le monde, je passe à autre chose. Je me souviens que sous Jacques Chirac et sous Nicolas Sarkozy, les conseillers nous appelaient avant les vœux, quand des annonces allaient être faites. Mais là, rien. Mon téléphone n'a pas sonné. Je regarde la télé et je découvre le pacte de responsabilité, 41 milliards d'allégement de charges pour les entreprises en dix minutes ! C'est quoi cette politique ? Cela ne tient pas la route. Le président affirme qu'il y aura « *des contreparties en termes d'emplois et de salaires* ». Mais avec une aide générale, aucune contrepartie ne pourra jamais être obtenue. Seules des aides ciblées sur l'emploi, l'investissement ou la recherche et développement par exemple, peuvent être l'objet de contreparties. Dans ces cas-là l'aide donne lieu à un contrat entre celui qui accorde l'aide et celui qui la perçoit. Et si le contrat n'est pas respecté, l'aide doit être remboursée. L'enfumage est manifeste. Ils nous ont déjà habitués. Chaque fois qu'il prend une décision en faveur des entreprises, il ajoute un élément de communication, une fausse annonce. Comme s'il n'assumait pas sa politique. Au pacte de stabilité européen qu'il devait renégocier et qu'il a finalement accepté, il a adjoint un « pacte de confiance » qui n'a jamais vu le jour. Et là, le pacte de responsabilité doit avoir des contreparties. On les attend toujours !

François Hollande fait un choix lourd de conséquences ce 31 décembre 2013. Je n'ai pas été prévenu. Je demande à la CGT et à la CFDT : eux non plus n'ont pas été sondés en amont. Je pense que Pierre

Gattaz, lui, a été consulté. À cette période, le Medef, via son nouveau président, lance son idée de « pacte de confiance », qui se concrétisera un peu plus tard par un pin's indiquant que 100 milliards d'euros de baisse des prélèvements permettraient la création de un million d'emplois.

À l'Élysée, où l'économique et le social sont suivis à l'époque par Emmanuel Macron, on décide de prendre au mot le Medef. C'est ce fameux Pacte de responsabilité : 41 milliards d'euros annuels, à terme, d'allègements de prélèvements, notamment financés par 50 milliards d'euros sur 3 ans de réduction des dépenses publiques et sociales. En cumul sur 3 ans, le CICE et le Pacte de responsabilité totaliseront d'ailleurs un peu plus de 100 milliards d'euros d'allègements de prélèvements sociaux et fiscaux pour les entreprises. Pour faire passer la pilule, le président de la République annonce qu'il y aura des contreparties en termes d'emplois et de salaires et que cela fera l'objet de négociations. Je n'y crois pas. L'avenir nous donnera raison. Les négociations entre les organisations syndicales et patronales ne comporteront aucun engagement concret en termes d'emplois, uniquement des objectifs. D'ailleurs, à différentes reprises, mais sans conséquence concrète, le président de la République comme le Premier ministre reconnaîtront le manque d'allant sur l'emploi.

Pour l'Élysée, il s'agit de diminuer quantitativement les « charges » fiscales et sociales des entreprises pour accroître la compétitivité prix, la réduction du coût du travail devant conduire à relever les taux de marges. Le Medef applaudit, tout en disant que c'est insuffisant et qu'il n'y a pas de contreparties contraignantes. Pour une fois, M. Gattaz a raison ! Quelques organisations syndicales se prêtent au jeu, dont la CFDT et la CFTC, d'autres, dont FO et la CGT, rejettent ce marché de dupes. Les seules signatures de FO dans quelques branches seront des relevés de décisions habituels, prolongeant l'existant, sans référence au pseudo-deal du Pacte de responsabilité.

Après avoir assoupli quantitativement le coût du travail, le gouvernement décide donc de s'atteler aux assouplissements qualitatifs. En 2015, pour un président et un gouvernement toujours à la recherche d'une inversion de la courbe du chômage, condition d'une nouvelle candidature à l'Élysée de François Hollande, il faut accélérer les choses sans changer de cap et de ligne de conduite. C'est-à-dire en poursuivant, sans l'avouer bien entendu, une logique économique de rigueur ou d'austérité en vigueur un peu partout en Europe.

Même sur des questions *a priori* moins sensibles comme pourrait l'être une augmentation significative des salaires, dont le smic, le président de la

République ne se montre guère très ouvert. Il décide seul, il n'écoute pas. Ainsi, à l'occasion d'un entretien, début 2015, je lui avais présenté plusieurs demandes que l'on peut légitimement considérer comme accessibles. «*Je viens avec ma* to do list», lui dis-je en arrivant. «*C'est quoi?*» me demande François Hollande. «*Ma liste de revendications.*» Je les énumère: augmentation du smic, loi Warsmann, aides ciblées. Je lui demandais de changer le décret d'application de cette loi de 2008 pour relancer la négociation de branches dans celles où les salaires les plus bas sont inférieurs au smic. Il ne me répond pas. J'insiste auprès des conseillers. J'avais l'accord du ministre du Travail. On me dit «*le président va te répondre*». Et je reçois une lettre[1]: c'est une fin de non-recevoir. C'est typiquement François Hollande. La seule fois où il m'a donné une réponse précise, c'est lors de notre dernier entretien. Je plaidais une ultime fois pour des changements dans la loi Travail. «*On a un accord avec la CFDT*», fut le verdict du président de la République.

Sa politique économique fut simple. Après les décisions sur la compétitivité prix, il fallait donc aller sur le terrain qualitatif. Assouplir le Code du travail, faciliter les licenciements pour soi-disant mieux

1. Cf. Annexe 1.

embaucher, donner la priorité à la négociation au niveau de l'entreprise, étendre les accords de maintien de l'emploi aux entreprises voulant conquérir de nouveaux marchés, encadrer le coût du licenciement devant les prud'hommes. C'est aussi une façon de répondre à la Commission européenne qui, en mai 2015, publiait un document sur le programme national de réforme et le programme de stabilité de la France pour 2015. Dans son point 6 le texte recommande que la France s'attache, au cours de la période 2015-2016, « *à réformer le droit du travail afin d'inciter davantage les employeurs à embaucher en contrat à durée indéterminée, à faciliter, aux niveaux des entreprises et des branches, les dérogations aux dispositions juridiques générales, notamment en ce qui concerne l'organisation du temps de travail, à réformer la loi portant création des accords de maintien de l'emploi d'ici à la fin 2015 en vue d'accroître leur utilisation par les entreprises, à entreprendre une réforme du système d'assurance chômage afin d'en rétablir la viabilité budgétaire et d'encourager davantage le retour au travail* ». Ce sont là certaines des dispositions les plus contestées du projet de loi Travail.

Ce projet dit de flexicurité, où la sécurité sert de caution et de diversion à la flexibilité constitue encore des éléments du *storytelling*. Ces deux dossiers (Pacte de responsabilité et loi Travail) sont les plus emblématiques de la politique économique et sociale mise en œuvre depuis 2012. Ce ne sont pas, bien entendu, les seuls à s'inscrire dans cette logique. Il faut y ajouter l'absence de coups de pouce au smic, le gel du point d'indice des fonctionnaires jusqu'au printemps 2016, où est annoncée une augmentation en deux fois de 1,2 %, le renoncement à une grande réforme fiscale basée sur la justice, la citoyenneté et l'équité, le maintien à 62 ans de l'âge du départ en retraite, ou les effets dévastateurs de la réduction des dépenses publiques et sociales.

Ainsi en a décidé le président de la République. En matière économique, il a fait des choix que je qualifie de néolibéraux, sans pour autant les assumer clairement, cherchant à contrebalancer une annonce par une contrepartie quasi virtuelle. Le social n'est ni sa culture, ni son histoire, ni sa pratique. En la matière, il s'inscrit facilement dans ce que je considère comme une confusion des genres entre démocratie politique et démocratie sociale. Enfin, je sais que, par nature et fonction, l'Élysée isole son locataire. Il est donc essentiel pour le président de la République, pour ne pas être hors-sol, de non seulement être bien entouré, mais d'avoir, hors entourage direct, les bons capteurs. François Hollande, selon moi, n'a pas les bons capteurs. Jacques Chirac avait de bons capteurs, il sentait le pays à travers eux.

Pendant l'entretien du 16 février, je lui rappelle notamment l'attachement de FO à la hiérarchie des normes, qui constitue une ligne rouge, notre opposition au référendum ou au plafonnement des indemnités prud'homales. Je lui dis également que j'espère qu'il ne fera pas, comme Mariano Rajoy en Espagne, un assouplissement des licenciements économiques. Il écoute, pose des questions, mais ne prend aucun engagement. Et ce, alors qu'on saura plus tard que les arbitrages étaient en cours.

La bataille

Le 17 février 2016, le journal *Le Parisien* livre une première version du projet de loi. *Les Échos* publient une interview de la ministre du Travail. On a donc, via la presse, le contenu du projet! Ce qui là encore dénote une conception pour le moins opaque du dialogue dit social. Prud'hommes, dérogations, licenciements économiques ou référendum: les clignotants rouges s'allument. Interrogée sur l'utilisation possible du 49.3 par le journal *Les Échos,* la ministre répond: «*Avec le Premier ministre, nous voulons convaincre les parlementaires de ce projet de loi. Mais nous prendrons nos responsabilités*». Une polémique s'engage sur cette phrase qui, dit-on, a été ajoutée par Matignon. Ce qui est confirmé dans le livre de l'ancien conseiller spécial de la ministre[1].

1. *Ils ont tué la gauche,* Pierre Jacquemain, Paris, Fayard, 2016.

Un contact est pris entre organisations syndicales de salariés et organisations de jeunesse. Dix organisations (CGT, CFDT, FO, CFE-CGC, UNSA, FSU, Solidaires, UNEF, UNL, FIDL) se retrouvent le 23 février au siège de la CGT. Il s'agit « *d'échanger sur l'analyse de la situation sociale, économique et politique et d'évaluer les champs d'éventuelles actions communes* ». Dans ce type de réunion, les secrétaires généraux des confédérations n'y participent que rarement. Ce sont des secrétaires confédéraux qui s'y collent. Pour FO, Michelle Biaggi, secrétaire confédérale chargée de l'organisation, est chef de file. Je suis en contact permanent avec elle, entre nous la confiance est à 150 %.

Dès le premier tour de table, les divergences apparaissent, notamment entre FO et la CFDT. La représentante de cette dernière, Véronique Descacq, déclare : « *Nous voulons continuer à donner un sens à la conduite des mutations à faire dans ce pays* ». Seul point commun entre tous : la demande de retrait de la barémisation des indemnités prud'homales ! Michelle Biaggi précise les positions de FO, expliquant que sur de nombreux points le projet de loi fragilise les salariés et sécurise les employeurs.

Un projet de texte de déclaration commune élaboré par la CGT[1] est mis sur la table. Il est profondément

1. L'organisation invitante rédige toujours le projet.

remanié « sous la dictée » de la CFDT. Ce texte est finalement accepté par neuf organisations. FO, seule, le refuse, le considérant comme conciliant avec le projet de loi, et qualifiant le projet de déclaration de « *mou du genou* ». C'est là encore une marque de notre liberté de comportement : on peut assumer seuls une position. Comme je l'expliquais dans une circulaire interne à l'issue de cette réunion : « *Comme elle l'a toujours fait, FO garde sa liberté de comportement et d'analyse, ni chien de garde, ni animal de compagnie. Alors que le projet de loi va être au Conseil des ministres le 9 mars et à l'Assemblée nationale début avril, il est illusoire de croire qu'il pourra être réexaminé dans son ensemble. À moins qu'un deal ne soit déjà passé entre le gouvernement et un syndicat pour amender 2 ou 3 points et laisser passer le reste !* » Ce qui était prémonitoire.

Par ailleurs, deux réunions sont programmées pour le 3 mars : l'une entre toutes les organisations pour analyser le projet, l'autre entre les organisations prêtes à se mobiliser. La date du 31 mars commence à circuler. Nous l'avions évoquée la semaine précédente avec Philippe Martinez au siège de FO. Ce conflit nous a appris à mieux nous connaître. Nous avons dîné ensemble peu de temps après son élection au secrétariat général de la CGT. Nos organisations, issues du même tronc, sont ce qu'on peut appeler « deux sœurs ennemies ». La prise de contact a été franche et directe, sans taire nos différences. Ce qui n'exclut pas ce que j'appelle l'unité d'action ponctuelle sur des bases claires. C'est le cas avec la loi Travail. Humainement, je dois reconnaître que cela a fonctionné correctement. Aucun coup tordu entre nous. J'ajoute, et cela n'est pas rien, qu'on s'amuse bien parfois.

Dans une interview aux *Échos* le 24 février, après avoir expliqué les raisons de notre opposition au projet de loi – que nous avions fini par obtenir en même temps que sa transmission au Conseil d'État –, je demande le rejet du projet et déclare que FO est prête au conflit. Parallèlement, le gouvernement met en scène son deal avec la CFDT. Dans *Le Monde*, le secrétaire général de la CFDT met en avant uniquement quelques points litigieux dans le projet de loi. Ce qui me fit dire « *En gros, ils sont en train de discuter de la longueur de la corde* ». La CFDT demande alors au gouvernement de reporter la date d'examen, par le Conseil des ministres, prévue le 9 mars. Matignon accepte. Le bras dessus, bras dessous est en place. De notre côté, nous réclamons une suspension sans date déterminée du projet afin qu'une concertation d'ensemble puisse avoir lieu. Le refus du gouvernement à notre proposition conduira à la revendication du retrait pour obtenir un autre projet.

Il est temps de fournir quelques explications de méthode. Entre les deux tours de l'élection présidentielle de 2012, alors que la victoire de François Hollande se profile, Jean-Marc Ayrault demande à me rencontrer. Nous nous voyons à l'Assemblée nationale. À une question de celui qui deviendra Premier ministre : « *Comment vois-tu les relations du gouvernement avec les syndicats si Hollande est élu ?* », je réponds : « *Il ne faut pas de mélange des genres, il ne doit pas y avoir d'interlocuteur privilégié (y compris FO). Le gouvernement doit d'une manière générale équilibrer les relations entre les trois principales confédérations* ». J'ajoute que, dans le cas contraire, il est fréquent que cela se finisse mal pour le gouvernement et/ou le syndicat. Premier ministre, Jean-Marc Ayrault aura respecté ce fonctionnement. Manuel Valls, non. Cette anecdote, je l'ai expliquée à François Hollande en 2016. Comme d'habitude, il n'a guère commenté, si ce n'est pour me dire qu'il savait que je m'entendais bien avec Jean-Marc Ayrault.

Le 26 février, je rencontre en tête à tête au siège du Parti socialiste Jean-Christophe Cambadélis. Je lui expose les positions de FO, mais il me semble plus préoccupé par les questions électorales. Au même moment, *Le Monde* publie une tribune de plusieurs responsables de la majorité, dont Martine Aubry, critiquant en particulier la loi Travail. Nos analyses sur le sujet sont convergentes. Elle connaît parfaitement les dossiers sociaux et ceux du travail, elle en a l'expérience. « *Et, aujourd'hui, voici que l'on s'en prend au Code du travail ! La gauche a appris des mouvements ouvriers qu'il n'y a pas de liberté sans égalité. Ce n'est pas une affaire de tabous. Le droit n'enferme pas, il libère* [...]. [Avec l'avant-projet de loi dit El Khomri], *c'est toute la construction des relations sociales de notre pays qui est mise à bas en renversant la hiérarchie des normes, et en privilégiant l'accord dans l'entreprise dans un pays où le taux de syndicalisation est faible et où le patronat n'a jamais aimé la négociation.* »

Ce n'est pas un secret, Martine Aubry est une amie proche. Nous nous fréquentons depuis plus de trente ans. Nous nous sommes surtout connus à l'occasion d'un groupe de travail du Commissariat au Plan qu'elle présidait et où je représentais Force Ouvrière. Cette amitié s'est forgée au fil des années, ce qui n'exclut pas des désaccords, de moins en moins nombreux au fil du temps. Martine Aubry est une femme de conviction qui aime la vie. Elle ne se lève pas tous les matins en disant « je veux être présidente de la République ». Elle n'a pour autant jamais refusé les responsabilités, que ce soit comme ministre, numéro deux d'un grand groupe industriel, première secrétaire du Parti socialiste ou maire de Lille. Et comme on le dit souvent, l'amitié se mesure dans les moments difficiles : ça vaut pour elle comme pour moi.

Début mars, le bras de fer continue, le projet de loi multiplie les divisions. Les divisions syndicales, c'est courant, les divisions dans la majorité, ça devient une habitude. Des divisions entre économistes émergent à coups de tribunes dans la presse. La démission d'un conseiller de la ministre du Travail marque aussi ce début de printemps social. Pierre Jacquemain claque la porte en opposition à un texte qu'il qualifie « *de droitier et de réforme libérale atomisant la gauche* »[1]. Il souligne l'autoritarisme de Matignon dans l'élaboration du projet de loi.

Le 4 mars, la pétition en ligne contre l'avant-projet de loi, quinze jours après son lancement, bat les records avec plus d'un million de signatures. Caroline De Haas, l'une des initiatrices, est une citoyenne engagée dans de nombreux combats, dont le féminisme. Nous discutons ensemble. Ils mènent la pétition, dont nous sommes partie prenante et que nous relayons, sans se substituer à l'action des organisations syndicales.

Le 4 mars, j'ai rendez-vous avec la ministre du Travail. Je réaffirme les positions de FO et demande une nouvelle fois la suspension du projet. Je fais

1. *Le Monde* du 3 mars 2016.

également remarquer que nous n'avons jamais été consultés sur l'ensemble du texte, mais seulement sur des bribes éparses. Le même jour je rencontre le Premier ministre en tête à tête. Nous confrontons nos positions et surtout nos désaccords. Il considère qu'il a l'accord de plusieurs syndicats qu'il qualifiera de « *réformistes* », formule que je contesterai. Il refuse la suspension, ayant annoncé le report de deux semaines de l'examen par le Conseil des ministres. L'entretien se terminera par le constat que nous entrons dans un rapport de force. D'une manière générale, je tiens à ce que mes interlocuteurs connaissent directement nos positions pour éviter les interprétations. C'est pourquoi je ne coupe jamais les liens, y compris pour identifier les désaccords.

Afin de tenter d'effacer les ratés de la concertation, le Premier ministre décide de recevoir d'abord en bilatérales toutes les organisations syndicales et patronales, puis en multilatérale. FO est reçue en délégation le 7 mars. Manuel Valls est accompagné de Myriam El Khomri, d'Emmanuel Macron, ainsi que des membres des cabinets ministériels et d'un représentant de l'Élysée. Nous avons de nouveau des désaccords, sur la méthode et sur le fond. Le Premier ministre refuse de retirer le texte et se dit prêt à quelques modifications éventuelles qui porteraient sur le niveau supplétif en matière de temps de travail, les dispositions unilatérales concernant les PME, le plafonnement des indemnités prud'homales et les motifs de licenciement économique. En gros, ce qui a été dealé avec la CFDT.

Deux anecdotes émailleront cette rencontre. Alors que j'exposais nos positions, nous entendons un chien japper. Manuel Valls nous prie de l'excuser, il va dans la pièce voisine calmer l'animal. Quand il revient dans son bureau, je lui dis: « *Tu vois, Manuel, même ton chien est d'accord avec nous!* » – tout le monde n'a pas souri. L'autre concerne Emmanuel Macron, un homme que l'on peut qualifier de libéral, charmeur, techno et espiègle. Même s'il n'était pas directement en charge de la loi, il a pesé notamment sur la première version et le fameux article sur l'assouplissement des licenciements économiques. Ministre de l'Économie, il a gardé l'oreille du président après son passage au secrétariat général adjoint de l'Élysée. Il est l'un des principaux auteurs du fameux Pacte de responsabilité. Nul ne pouvait deviner à l'époque qu'il avait une telle ambition politique. Ce que je peux dire en revanche, c'est qu'il y a eu de meilleurs ministres de l'Économie que lui, notamment sur les questions industrielles. En deux ans, il n'aura pas marqué son champ, il a souvent semblé en retrait sur cette question essentielle. Arnaud Montebourg, dans un style très différent, fut un meilleur ministre de l'Économie.

Même si leurs itinéraires sont différents, la rivalité d'Emmanuel Macron avec Manuel Valls est palpable, ils chassent à peu près sur les mêmes terres et les mêmes positionnements. Visiblement acceptée par l'Élysée, on ne sait encore sur quoi elle débouchera. François Hollande doit craindre un Manuel Valls qui ne serait plus Premier ministre et qui voudrait un éclatement du PS pour notamment constituer un «parti démocrate». Son rêve? Un PS purgé de «sa gauche» et s'alliant avec le centre ou une partie de celui-ci. De ce point de vue, Emmanuel Macron peut être utile à François Hollande.

Le 3 mars, comme chaque année, je rends visite au stand de la fédération FO de l'Agriculture et de l'Alimentation au Salon de l'agriculture. Et, comme d'habitude, je termine cette visite en allant saluer le stand des Brasseurs de France où sont présents beaucoup de gens des Hauts-de-France, ma région d'origine. Alors que j'approche, on me signale qu'Emmanuel Macron s'y rend également. On s'y retrouve en même temps, il est entouré de journalistes et de caméras. Alors que j'allais lui tendre la main, il me surprend en me claquant la bise. Je ne dis rien, nous allons boire une bière, Stéphane Le Foll nous rejoint. Nous échangeons quelques mots et quelques petites piques sur la loi Travail. Je lui glisse: «*On est contre cette loi, il faut la retirer*». «*Ce n'est pas moi*», s'amuse-t-il. L'épisode m'a surpris. Je le garde en mémoire. Aussi, le 7 mars, quand j'entre avec la délégation FO dans le bureau de Manuel Valls, après avoir vérifié qu'il n'y avait pas de journaliste, c'est moi qui claque la bise à Emmanuel Macron, créant ainsi à mon tour la surprise. Ce sont là des détails amusants, mais c'est aussi cela qui fait la vie. Faire les choses sérieusement, mais ne pas se prendre au sérieux.

Suivront les premières manifestations, le 9 mars. Ce n'est pas une déferlante, mais les cortèges sont significativement plus importants que lors de la première manifestation contre le CPE en 2006. Un conflit, exceptionnel dans sa durée, s'engage.

Le 14 mars, la réunion multilatérale annoncée par le Premier ministre se tient à Matignon. Manuel Valls indique d'entrée de jeu que la philosophie générale demeure. Il indique que les dispositions en vigueur concernant les astreintes, la durée de travail des apprentis, la durée hebdomadaire maximale du travail, le temps d'habillage et de déshabillage, de réglementation du temps partiel pour les groupements d'employeurs ne changeront pas. Pour les forfaits jours dans les entreprises de moins de 50 salariés, il prévoit le mandatement ou l'application directe d'un accord de branche. Il précise que le barème des indemnités prud'homales devient indicatif (ce que prévoyait la loi Macron) et que la modulation du temps de travail au-delà d'un an ne sera possible qu'avec un accord de branche. Enfin, geste à destination de la jeunesse, il annonce un élargissement du dispositif de la garantie jeune et du CPA aux jeunes décrocheurs.

Chaque organisation syndicale et patronale réagit à son propos liminaire. Pour FO, je note quelques reculs que j'attribue à la première mobilisation, mais je réaffirme notamment la ligne rouge de l'inversion de la hiérarchie des normes ainsi que les points inacceptables relatifs à la médecine du travail, aux licenciements économiques, aux accords de préservation ou de développement de l'emploi ou sur la non-conformité des congés payés par rapport à une directive européenne. De nouveau, je réclame la suspension et, faute de suspension, le retrait du texte. La CGT, la FSU, Solidaires et l'UNEF confirment leur demande de retrait du projet de loi El Khomri. La CFDT, la CFTC, la CFE-CGC (qui cependant dit attendre le texte), la FAGE et le Medef marquent, quant à eux, leur satisfaction. Le double comportement de Pierre Gattaz me frappe. Globalement satisfait dans la réunion, il sera beaucoup plus critique à la sortie devant les médias sur le perron de Matignon.

À partir de cette journée, les choses se figent. Les pouvoirs publics martèlent que c'est une loi de progrès, soutenue par les syndicats réformistes, qu'ils ne retireront pas le texte. Le retrait du projet de la déchéance de nationalité a politiquement pesé. Ce fut aussi un échec pour le président de la République. Il ne veut plus reculer. Quel que soit le sujet, quel que soit le texte. Même fixation du côté des syndicats soutenant le texte, même si certains d'entre eux (telle l'UNSA) demandent encore des modifications.

Les organisations patronales, elles, tout en obtenant, du moins le Medef, l'inversion de la hiérarchie des normes, regrettent la première version du projet. L'UPA et, à un degré moindre, la CGPME plaident pour le maintien d'un rôle important pour les branches. Les artisans ont nombre de points communs avec les salariés. Ils sont aussi des travailleurs. Sur maints sujets nos analyses convergent. C'est notamment le cas sur l'assouplissement des qualifications et les risques et dérives de l'auto-entreprenariat (Jean-Pierre Crouzet et moi avons d'ailleurs signé une tribune commune dans *Le Figaro*[1]). C'est encore le cas sur la nécessité de maintenir les négociations de branches et les conventions collectives nationales.

Avec la CGPME, à mi-chemin entre le Medef et l'UPA, les points communs sont moins nombreux,

1. Figaro.fr du 17 février 2016 « La charge de FO et de l'UPA contre le plan anti-chômage de Hollande ».

mais nous nous sommes aussi retrouvés sur la nécessité de maintenir la négociation de branche. Et, comme avec l'UPA, nous voulons depuis longtemps avancer, y compris par la négociation, sur les relations donneurs d'ordre-sous-traitants, ce qu'a toujours bloqué le Medef.

Du côté des organisations rejetant le projet, les revendications perdurent et la contestation s'installe. Les 17, 24 et 31 mars, des manifestations ont lieu sur tout le territoire. Les 17 et 24 mars à la demande des organisations de jeunesse, avec le soutien des syndicats de salariés. La mobilisation du 31 mars fut réussie, avec des grèves et des manifestations. Pour le 31 mars, et à deux autres reprises ensuite, j'adresse une lettre au Premier ministre l'informant que FO appelle les salariés à une journée de grève. Pour ces journées, chaque secrétaire confédéral de FO verse l'équivalent d'une journée de salaire au fonds de grève de la confédération.

Laurent Berger critique cette manifestation, trouvant les slogans «*un peu fourre-tout*» et dit avoir choisi de négocier pour être «*utile aux salariés*». Je réponds dans la presse: «*Il ferait mieux de se taire; s'il ne veut pas manifester, c'est son problème. Utile aux salariés en négociant quoi? Des reculs sociaux? S'il appelle cela du syndicalisme, j'appelle cela de l'accompagnement*».

Les relations avec Laurent Berger se sont compliquées. J'avais trouvé l'homme courtois et plutôt sympathique à son arrivée à la tête de la CFDT. Je me souviens lui avoir dit que, au-delà des désaccords que l'on pouvait avoir et que l'on aurait obligatoirement, nous devions pouvoir continuer à discuter. Cela supposait qu'on se dise clairement les choses et qu'on ne se fasse pas de coups dans le dos. La première période s'est déroulée ainsi. Une rupture se produit à l'occasion de la négociation sur les retraites complémentaires. Nous avions trouvé, après discussion, un accord entre nous, mais il a changé de position sans prévenir. Qu'une organisation change de position se conçoit, qu'elle le fasse sans prévenir complique la donne : la fiabilité n'est plus de mise. Depuis cette époque – octobre 2015 –, nous ne nous parlons plus. Au fond, je n'ai pas la même conception du syndicalisme que lui. Pour moi, la CFDT n'est pas un syndicat réformiste, mais un syndicat réformateur : ils ont envie de cogérer le système. Ils prônent la cogestion dans l'entreprise et avec l'État. FO est réformiste : on croit à la négociation, mais on ne signe pas n'importe quoi. C'est une différence de philosophie, pas une question personnelle.

Sur l'éternel débat concernant le nombre des manifestants, je ne rentrerai pas dans les détails des décomptes, c'est sans intérêt. La seule chose que je sais, par expérience, c'est que lorsqu'un mouvement tend à décliner, les manifestations s'arrêtent de fait. Là elles dureront quatre mois !

Pendant toute cette période, j'ai également eu des contacts avec des députés ou responsables politiques, eux aussi critiques du projet de loi. Je pense à Jean-Marc Germain, Benoît Hamon, Christian Paul, Pascal Cherki, Pouria Amirshahi ou Marie-Noëlle Lienemann. Un quotidien de facture libérale[1] m'a intronisé chef des frondeurs ! Il m'accorde ainsi une influence non négligeable qui ne correspond cependant pas à la réalité. Ces députés ont toujours gardé, à juste titre, leur libre arbitre. Ils assument leurs responsabilités, et c'est bien entendu à eux et eux seuls d'en décider. Nous avons simplement fait le constat que nos analyses étaient proches sur ce texte et que nous pouvions tirer dans le même sens. Nous avons donc échangé régulièrement, notamment avec deux d'entre eux, Christian Paul et Pascal Cherki. J'ai connu ce dernier il y a maintenant de nombreuses années, puisque je l'ai vu arriver dans la section PS du 14e arrondissement. Mais les contacts avec les députés de la majorité ne se limitent ni aux frondeurs, ni à ceux qu'on qualifie d'aubrystes. Certains d'entre eux,

1. *L'Opinion* du 30 juin 2016.

qui auraient voté le projet de loi en l'absence de 49.3, ne comprenaient pas pourquoi on en arrivait là et pourquoi une sortie par le haut n'était pas possible. Il faut aussi regretter qu'au fil du temps le PS ait moins de députés férus sur la question sociale.

Les contacts que j'ai à cette période sont nombreux et variés. Je pense à Martine Aubry. Je la rencontre notamment à Lille lors d'un déplacement. Je vois aussi, à son initiative, le président de l'Assemblée nationale. Claude Bartolone voulait connaître notre analyse. Je rencontre également, en délégation, et en audition, les groupes EELV (écologistes) et Front de gauche, le 22 mars. Le lendemain, je vois des socialistes (Bruno Le Roux, président du groupe refusant toujours que le groupe plénier nous reçoive), Les Républicains ainsi que la commission des Affaires sociales. Lors de ces différentes auditions, j'ai pu constater le trouble de députés.

Avec l'opposition politique les contacts existent également. Je discute avec certains députés de l'UDI et des Républicains, notamment ceux que je qualifierais d'héritiers du gaullisme social ou des fidèles du séguinisme. Je pense notamment et non exclusivement à Gérard Cherpion, Arnaud Richard ou Henri Guaino.

Fin mars, la commission des Affaires sociales présidée par Catherine Lemorton, après avoir entendu la ministre du Travail, auditionne l'ensemble des syndicats. Les divergences sont étalées, notamment entre la CFDT et FO. Je commence mon intervention en soulignant que les députés, habitués au pluralisme politique, peuvent constater le pluralisme syndical. Sur le référendum en entreprise, je leur demande s'ils accepteraient, au cas où seulement 30 à 50 % des députés seraient prêts à voter une loi, d'avoir recours à un référendum. Je n'ai pas eu le sentiment qu'ils y seraient prêts. C'est un euphémisme. Le 1er avril je publie une tribune dans *Le Monde* sous le titre « Pour un syndicalisme réformiste ». En raison de la grève du 31 mars, elle ne sera publiée qu'en version Internet. Même les militants peuvent être gênés par une grève, y compris d'ailleurs dans les transports. Mais une grève qui ne gêne personne peut durer longtemps sans résultat !

Dans ce texte je fais la différence entre le réformisme syndical auquel FO se rattache et ce que j'appelle le syndicalisme réformateur, impliqué dans la gestion de l'entreprise ou de l'État, autogestionnaire hier, cogestionnaire aujourd'hui, où se situe, selon moi, la CFDT.

Dans une audition le 29 mars par la commission des Affaires sociales de l'Assemblée nationale, interrogée sur le respect de l'article L1 du Code du travail, la ministre avait déclaré : « *À ce sujet, sachez que j'ai non seulement lu l'article 1 du Code du travail, mais que je l'ai appliqué! Le 16 septembre dernier j'ai demandé par courrier à l'ensemble des partenaires sociaux s'ils souhaitaient ouvrir une négociation sur les suites au rapport Combrexelle. Comme ils ne l'ont pas souhaité, nous avons mené des concertations bilatérales avec chacun d'eux*». Dans un courrier que j'adresse à la ministre le 4 avril[1], je lui précise que sa lettre ne répondait pas aux obligations. Le gouvernement devait faire un document d'orientation. Le rapport Combrexelle, comme d'autres rapports, n'a pas valeur de document d'orientation gouvernemental pouvant éventuellement servir de base à une négociation. Cela peut sembler des détails, mais appliquer le Code du travail est une tâche essentielle pour un gouvernement.

Le 5 avril j'annonce que nous envisageons d'attaquer en justice le gouvernement pour non-respect du Code du travail et des procédures prévues dans l'article L1 de ce même Code. Nous le ferons quelque temps après devant le tribunal administratif qui, sans se prononcer sur le fond, ne nous a pas suivis. Il considérera qu'il ne peut pas intervenir alors que le débat parlementaire avait lieu. Dans sa réponse du 8 avril, la ministre confirme sa version[2], s'appuyant

1. Cf. Annexe 4.
2. Cf. Annexe 5.

sur un avis quelque peu alambiqué, voire d'opportunité, du Conseil d'État.

Dans notre souci de mobiliser, nous nous attelons à sensibiliser également les parlementaires qui auront à débattre de ce texte (ce que nous croyions à l'époque avant le recours au 49.3). Une adresse commune aux députés est rédigée par les sept organisations engagées dans la mobilisation. On incite à aller la remettre en mains propres dans les permanences des députés. Par cette adresse, une fois de plus, il s'agit d'exposer aux élus, avant l'examen du texte en séance plénière, les raisons de fond qui amènent les organisations à demander le retrait du projet de loi. Nous leur démontrons également notre détermination.

Trois journées de mobilisation auront lieu les 5, 9 et 28 avril.

Le 5 avril je revois, en *off*, le président de la République. Nous ne sommes que tous les deux cette fois. Je lui confirme qu'un gouvernement peut toujours retirer dans l'honneur un texte, du moins ses parties les plus contestées. Il peut, par exemple, en renvoyer certaines à la négociation collective. Il m'écoute, mais ce qui m'apparaît évident, c'est que ni lui ni le gouvernement ne veulent se couper de la CFDT. La politique a donc pris le dessus sur le social.

Le 11 avril, suite aux déclarations, comme toujours dans la dentelle, de Pierre Gattaz sur la grève et les syndicats FO et CGT, le bureau confédéral de FO réagit: ses saillies sont «*caricaturales d'une conception des rapports sociaux oscillant entre l'antisyndicalisme primaire et le corporatisme du milieu du XX*e *siècle*».

Ce même jour, le Premier ministre reçoit les organisations de jeunesse et leur fait des propositions, qu'elles acceptent et qui sortent du projet de loi. Opération déminage. Pour autant, l'UNEF, la FIDL et l'UNL demandent toujours le retrait du texte.

Les 13 et 14 avril, le Comité confédéral national de FO (le parlement du syndicat qui se réunit tous les six mois) confirme le positionnement de la confédération. Le 18 avril, nouvelle rencontre avec la ministre du Travail. Elle ne débouche sur rien de concret. Dès la fin du mois, je dépose auprès du gouvernement et du rapporteur des contre-propositions pour faire respecter le principe de faveur et la hiérarchie des normes.

C'est notre tradition: Force Ouvrière fait ses propres meetings le 1er mai. Le secrétaire général y prononce un discours rappelant nos analyses et nos revendications. Le 1er Mai n'est pas la fête du travail, qui a été instaurée par Pétain pendant la dernière guerre mondiale pour éviter les manifestations au nom de «travail, famille, patrie». Le 1er Mai est une journée internationale de solidarité où partout, dans les pays démocratiques, les travailleurs et leurs syndicats expriment leurs attentes.

Tous les ans, je vais à la rencontre de militant(e) s dans une ville différente. En 2012 – un des 1er Mai qui m'a le plus marqué –, j'ai pris la parole et manifesté à Tunis en soutien aux militant(e)s de l'UGTT[1]. En ce 1er mai 2016 certains ont voulu voir comme un scoop que je défile avec Philippe Martinez. Ce n'est pourtant pas la première fois. Quand cette journée se situe pendant un conflit, les défilés sont communs. Sept organisations manifestent ensemble ce 1er mai 2016.

À Paris, comme ce fut déjà le cas lors de manifestations précédentes mais aussi à Rennes ou Nantes, nous sommes confrontés à ce qu'on appelle les « casseurs ». À l'occasion de défilés syndicaux, la seule fois où nous avons été confrontés à des violences, ce fut à l'occasion de manifestations de jeunes (lycéens notamment). Nous les aidions pour le service d'ordre. Les jeunes qui cassaient le faisaient essentiellement pour voler dans les magasins ou dépouiller quelques lycéens. Ils avouaient qu'ils utilisaient les manifestations pour faire les courses. Cette fois c'est différent.

1. Union générale tunisienne du travail.

Il s'agit de casser pour casser, de dire que seule la violence peut obtenir des résultats. Parmi ces casseurs organisés, que l'on reconnaît notamment à leur tenue (casque, gants, lunettes de protection, sac à dos et blouson renforcé), figurent notamment des Black Blocs et des militants ultras. Au fil des manifestations, les tensions sont également vives avec les services d'ordre syndicaux de la CGT et de FO. Ils sont insultés, traités de «S.O. collabos». Certains d'entre eux sont même blessés. Des polémiques s'engageront sur la responsabilité des uns et des autres, le Premier ministre dénonçant même l'ambiguïté avec le service d'ordre de la CGT. De tels propos ne sont pas acceptables. Ces violences desservent le mouvement. Les médias ne parlent plus que de ça, le projet de loi passe au second plan.

Les violences sont condamnables et nous les avons régulièrement condamnées. Au passage, cela me rappelle ma jeunesse étudiante rythmée par les charges de gaz lacrymogènes. Pour ma part, je n'ai par ailleurs jamais incriminé les forces de l'ordre sur le terrain. Entre la COP 21, l'état d'urgence, puis, plus tard l'Euro 2016 et les manifestations, elles sont à la limite du burn-out. Les effectifs sont insuffisants, les heures supplémentaires s'accumulent, les congés de récupération tardent parfois, les ordres ne sont pas toujours évidents à appliquer.

En plus du 1er mai et d'un rassemblement avec prise de parole sur l'esplanade des Invalides le 3 mai, deux autres journées de mobilisation auront lieu. Chaque journée est précédée par une réunion des sept organisations qui sont dans la mobilisation. Le 3 mai, jour du début de l'examen du projet au Parlement, alors que le gouvernement et le président de la République s'apprêtent à célébrer les 80 ans du Front populaire, je rappelle que le projet de loi Travail trahit Léon Blum, puisque le principe de faveur, ou hiérarchie des normes, a été introduit pour la première fois par le gouvernement du Front populaire. Au préalable, sur cette question précise, j'avais adressé un courrier au président de la République que je rends public dans cet ouvrage[1]. Il ne me répondra jamais.

Le 3 mai je le rencontre à nouveau. Il est accompagné de deux de ses conseillers. Ils me proposent de réintégrer deux ou trois principes de Badinter (toutes les préconisations du rapport Badinter avaient été repoussées *in fine*). Je leur réponds que c'est loin d'être suffisant, qu'à mon sens cela ne change rien, mais que je leur confirmerai, après avis des services compétents de FO. Ce que je fais le lendemain.

Nous sommes donc dans une situation de blocage. Le président de la République ne veut pas décevoir

1. Cf. Annexe 6.

ni se couper de la CFDT. La note du 8 mai 2016 du secrétaire général adjoint de l'Élysée au président de la République, révélée par *Le Monde* du 22 août 2016, est significative de la méthode retenue et des éléments de langage diffusés. L'engagement néolibéral, le deal avec la CFDT et le Medef, les considérations politiciennes, la méconnaissance du syndicalisme et du réformisme syndical sautent aux yeux. Lors de cette même rencontre, en aparté, François Hollande me glisse ironique : « *Des députés socialistes ont déposé des amendements FO, je croyais qu'il y avait une indépendance syndicale* ». Je réponds : « *Heureusement, il y a encore des socialistes !* » Il n'a pas souri.

Le gouvernement reste arc-bouté sur l'inversion de la hiérarchie des normes, ce que symbolise l'article 2 du projet de loi. Même s'il n'était pas directement concerné par le dossier travail, je n'oublie pas que Michel Sapin, à cette période, en plein dans le conflit, y compris pendant les blocages de raffineries, estime qui faut peut-être modifier cet article 2. Il encourage le gouvernement à toucher à ce passage portant sur l'articulation entre accords de branche et accords d'entreprise, avant de se faire recadrer proprement par le Premier ministre. J'aime à penser qu'il ne s'agissait pas là d'une erreur de communication gouvernementale de la part de Michel Sapin, mais plutôt d'une réelle invitation à l'ouverture de négociation pour calmer les tensions. Il ouvrait la voie à un dialogue serein.

Avec Michel Sapin on peut parler clairement et au fond des choses, on peut discuter de ce qui nous rapproche ou nous éloigne. Et c'est toujours avec plaisir et intérêt que nous échangeons régulièrement. C'est un homme de dialogue, de compromis et de décision. Son passage au ministère du Travail – qu'il a beaucoup aimé – a montré ses qualités d'écoute et de négociateur.

J'assume. C'est FO qui a mis l'inversion de la hiérarchie des normes sur le devant de la scène. Tout le monde en parle alors que quelques mois auparavant ce concept était un ovni.

Tout le monde comprend, par exemple, qu'en matière d'heures supplémentaires cela va conduire fréquemment à des baisses de salaires. Auparavant, en effet, pour majorer les 8 premières heures supplémentaires à seulement 10 % au lieu de 25 %, il fallait un accord de branche. Demain, un accord d'entreprise suffira. Cela signifie qu'un donneur d'ordres qui fait déjà pression sur ses sous-traitants, par exemple en exigeant des baisses de prix, pourra leur demander de passer de 25 à 10 % pour les majorations d'heures supplémentaires. Le sous-traitant ne pouvait le faire si ce n'était pas prévu au niveau de la branche. Et pour ne pas «déplaire» au donneur d'ordres, il discutera avec ses salariés arguant des pressions qu'il subit. Je rappelle que pour un salarié payé au smic qui fait 4 heures supplémentaires par semaine, c'est 20 € de moins à la fin du mois. Face au mouvement déclenché par les routiers, le gouvernement a reculé sur la majoration des heures supplémentaires. J'ai alors corrigé le Premier ministre sur ce cas précis. Il avait affirmé qu'il fallait un accord de branche majoritaire pour passer à 10 %... alors que le projet de loi supprime le niveau de la branche! J'avais ironisé, me demandant s'il avait lu le projet de loi!

Je peux multiplier les exemples, car sont concernées également: les astreintes, dont la question de la rémunération n'est pas réglée et qui ne pourra plus l'être au niveau de la branche; la mise en place d'équivalences, disposition selon nous contraire à la directive temps de travail. À défaut d'accord, c'est l'employeur, unilatéralement, qui fixera les contreparties concernant le temps d'habillage/déshabillage et de restauration. Autres exemples: la possibilité dans chaque entreprise, par accord, de travailler jusqu'à 46 heures hebdomadaires sur 12 semaines; 9 semaines maximum par décision unilatérale de l'employeur dans celles de moins de 50 salariés; la possibilité de triannualiser le temps de travail par accord de branche cette fois, et la non-sécurisation des conventions de forfait.

Applicable dans l'immédiat sur le temps de travail, cette inversion de la hiérarchie des normes pourrait s'étendre à tous les domaines du Code du travail. L'opposition actuelle la promet déjà. Si on ne veut pas qu'une porte soit grande ouverte, mieux vaut ne pas l'entrouvrir. C'est une vieille demande patronale. En 2000, Ernest-Antoine Seillière et Denis Kessler la réclamaient déjà. Ils en rêvaient, Hollande l'a fait.

Un peu par provocation – car je ne crois pas à l'outil référendaire –, je suggère au gouvernement, puisqu'il fait un référendum sur l'aéroport de Notre-Dame-des-Landes et qu'il veut l'introduire dans les entreprises, d'en faire un sur la loi Travail ! Je ne prends pas beaucoup de risques. Dès qu'ils sont interrogés, les Français sont massivement hostiles au texte.

Dès le début de l'examen du projet de loi par les députés, la ministre du Travail utilise la procédure dite de « réserve des votes », constatant que le gouvernement n'a pas de majorité. Le rapporteur du texte, Christophe Sirugue, tente depuis quelques jours de trouver un amendement qui puisse faire consensus sur le fameux article 2. Sa tâche n'est pas facile. Dans le système tel qu'il existe, il doit trouver un compromis qui convienne à la fois au gouvernement et à ceux qui contestent le texte. C'est mission impossible quand le Premier ministre refuse de bouger. C'est pour lui un principe, qui le conduit de l'autorité à l'autoritarisme. Manuel Valls, imperturbable dans sa rigidité, ne veut rien changer et veut préserver le deal avec la CFDT, organisation à laquelle il a été adhérent. Dès lors, la proposition de Christophe Sirugue – les branches donnent un avis *a priori* sur les accords d'entreprise – ne change pas la donne. Ce n'est qu'un avis. Et les branches ne peuvent pas siéger en permanence compte tenu du nombre d'accords – ce fut déjà le cas dans le système du mandatement.

Fermé à toute évolution, le Premier ministre obtient l'autorisation du Conseil des ministres d'engager le 49.3, c'est-à-dire de passer en force au Parlement, sans débat. L'outil est certes constitutionnel, mais il n'est pas pour autant démocratique. Dans l'opposition, François Hollande le fustigeait, le qualifiant de déni de démocratie et de brutalité. En 2006, à propos de son utilisation pour faire adopter le CPE, François Hollande accusait : « *C'est le 49.3, l'arme lourde des exécutifs légers, déclenché pendant une période de vacances dans l'espoir de passer inaperçu* ». Ou encore : « *Le compromis, on ne l'évoque qu'à la fin, alors qu'il devrait l'être au début.* […] *N'allons au Parlement qu'une fois, non pas épuisées, mais au moins utilisées toutes les voies du dialogue, de la discussion, de la délibération*». Manuel Valls prônait, lui, la disparition de cet article. Une fois au pouvoir, ils oublient leurs paroles et font ce qu'ils dénonçaient.

Alors qu'ils sont arithmétiquement majoritaires (ce qui n'était pas le cas de Michel Rocard quand il était Premier ministre), ils sont politiquement minoritaires. Une partie non négligeable des députés de la majorité (de 80 à 100, dit-on) ne voulait pas voter le texte en l'état. Dégainer le 49.3 pour une loi dite de progrès social est pour le moins cocasse et contradictoire. Terrible aveu de faiblesse.

Le 49.3 met de l'huile sur le feu. Les mouvements de grève se développent sans pour autant se généraliser. Les problèmes de pouvoir d'achat, la conviction qu'une journée ne suffira pas, le poids des crédits dans les budgets, le fait que les fonctionnaires ne sont pas directement ciblés expliquent cette non-contagion de la grève. On sait cependant que si, à terme, les conventions collectives nationales sont remises en cause dans le privé, ce sera ensuite le cas pour les statuts nationaux. Certains en rêvent déjà.

Pour autant, l'insatisfaction est grande, la colère réelle, l'incompréhension aussi. Par expérience, je sais que cela s'exprimera toujours d'une manière ou d'une autre, y compris dans les élections politiques. C'est d'ailleurs aussi pourquoi l'autoritarisme peut faire le lit du poujadisme.

Le 20 mai, les sept organisations demandent dans une lettre commune au président de la République à être reçues. Aucune réponse. Depuis le début du conflit j'ai, au nom de Force Ouvrière, multiplié les propositions. En vain. J'ai d'abord plaidé pour une suspension du projet de loi, qu'a refusée le gouvernement, qui s'est contenté d'un report de quinze jours du Conseil des ministres et d'une opération concertation/communication. Ensuite, j'ai déposé des contre-propositions, puis j'ai proposé de retirer les articles les plus contestés pour les renvoyer à la négociation entre interlocuteurs sociaux. Cela concernait l'inversion de la hiérarchie des normes, le référendum, les accords de développement et de préservation de l'emploi, les critères de licenciement économique. Ce faisant, certains médias expliquent que FO change de tactique ou cherche une porte de sortie. En fait, nous sommes beaucoup plus souples que le Premier ministre, qui lui, se fige dans sa rigidité autoritariste.

À l'occasion d'un échange téléphonique avec lui, le samedi 28 mai, nous confirmons, une nouvelle fois nos désaccords. Je sens bien que, pour lui, le dossier est avant tout politique. Il se répète : c'est un texte de progrès, il n'y aura pas de modification de la philosophie générale, ce projet est soutenu par les syndicats réformistes, etc. Cet appel, ainsi que ceux qu'il passera le même jour à d'autres responsables syndicaux, comme Philippe Martinez, est une opération de communication : il faut montrer que l'on se parle.

C'est à ce moment que je dépose (auprès du gouvernement et du rapporteur), au nom de FO, de nouvelles propositions écrites permettant de rétablir la hiérarchie des normes en contournant l'article 2 pour lequel nous ne demandons qu'une modification. J'en informe au préalable le Premier ministre. Nous plaidons pour que la branche, qui traite déjà obligatoirement dans le Code du travail de quatre thèmes (salaires, classifications, formation professionnelle et prévoyance), se voit attribuer trois thèmes supplémentaires : le temps de travail, l'égalité professionnelle et l'emploi. Et nous proposons, à la place du référendum, de créer un droit d'opposition des non-signataires auprès de la branche.

À la fin du mois, une réunion entre les organisations syndicales décide de lancer une votation citoyenne dans les entreprises, les administrations et lieux publics. Les résultats des 700 000 votations seront remis à l'Élysée fin juin. Tout au long du processus, nous avons largement informé les salariés par voie de tracts, vidéos et l'utilisation des réseaux sociaux des dangers du projet de loi.

Juin fut le mois le plus épique et le plus tendu. Le 1er juin en fin d'après-midi, je débats avec Laurence Parisot et Ruth Elkrief sur BFM-TV. Malgré nos différences, nous demandons tous deux l'ouverture de négociations. J'avais eu raison de dire, quand elle a quitté le Medef : « *On sait ce qu'on perd, on ne sait pas ce qu'on gagne !* »

Le projet de loi est de plus en plus multiminoritaire. Du côté syndical, seules la CFDT et la CFTC le soutiennent. Elles représentent à elles deux 35 %[1] des salariés. FO, la CGT et maintenant la CFE-CGC le contestent. Elles représentent à elles trois 52 %. Du côté patronal, mis à part le Medef, les autres organisations plaident notamment pour un maintien du rôle de la branche.

Une forme de radicalisation du Medef, déçu des premiers reculs, arc-bouté contre la pénibilité et l'éventuelle taxation des contrats courts, conduit à planter la négociation sur l'assurance chômage, le 16 juin. Les plus libéraux l'emportent sur les plus sociaux.

Du côté politique, l'opposition s'oppose et dans la majorité il n'y a pas de majorité suffisante ! Les sondages montrent toujours une proportion importante

1. Pourcentage des voix obtenues dans le privé – Haut Conseil du Dialogue Social - 29 mars 2013.

de Français opposés au projet (de l'ordre de 65 à 70 %). Le bon sens et la raison devraient conduire le gouvernement à s'assouplir. Que nenni, il se durcit!

C'est à cette période que Philippe Martinez et moi donnons une interview à *L'Humanité dimanche* [1]. Nous confirmons que nous n'avons pas l'intention de bloquer l'Euro 2016. Nous développons nos nombreux points de désaccord avec ce texte: la désormais fameuse inversion de la hiérarchie des normes, la facilitation des licenciements économiques, l'extension des accords dits de maintien de l'emploi qui pourront jouer sur la durée de travail et le pouvoir d'achat, notre inquiétude sur l'avenir de la médecine du travail.

À deux reprises je rencontre le rapporteur du texte, Christophe Sirugue, pour faire le point. Le 10 juin, suite aux dernières propositions de FO, je vois la ministre du Travail en tête à tête. Pendant plus d'une heure nous aurons une discussion de fond, y compris sur nos propositions. À la sortie, j'indique que j'ai trouvé une « *ministre attentive* ».

Les deux jours précédents, je me suis rendu à Genève à la conférence internationale du travail qui s'y tient chaque année. Des syndicats présents (italiens, grecs, brésiliens, espagnols notamment) me

1. *L'Humanité dimanche*, n° 514, du 2 au 8 juin 2016.

demandent de faire un point sur la situation française. Ce que je fais, en présence de Bernard Thibault, présent à la conférence, et avec la délégation FO menée par Yves Veyrier, secrétaire confédéral. Nos camarades grecs ont vraiment l'impression d'avoir servi de terrain d'expérimentation. À Genève, j'apprends par ailleurs et incidemment de délégations gouvernementales étrangères que, lors d'une réunion de l'Union européenne à 28, seuls la France et le Royaume-Uni se sont opposés à un rappel à l'ordre du Qatar sur les questions de discriminations. Ou quand la finance prime sur la démocratie. On me confirme que, pendant l'élaboration du projet de loi, il y a eu des contacts avec le gouvernement espagnol qui, rappelons-le, avait sévi en la matière dès 2008. Les camarades espagnols de l'UGT ont soutenu la mobilisation contre la loi Travail en envoyant des messages. Ils ont même participé à la manifestation du 14 juin ; la FGTB, syndicat belge, et la CGIL italienne étaient aussi dans le cortège syndical ce jour-là. L'Europe se fait aussi du côté des salariés. Ou plutôt, l'Europe se fait vraiment dans les rues. Contre l'orientation prise par l'Union européenne, contre cette logique austéritaire qui s'abat dans tous les pays. Je le vois à travers le prisme de la Confédération européenne des syndicats (CES), l'ambiance a radicalement changé. En 2005, au moment du débat sur le Traité constitutionnel européen (TCE), la CES avait soutenu ce texte. Nous avions été les seuls avec un syndicat portugais à voter contre au comité exécutif de ce rassemblement européen; la CGT s'était abstenue. Aujourd'hui, le rapport de force s'est inversé. La grande majorité des syndicats européens se sont opposés au pacte budgétaire.

Le visage de l'Europe a changé, l'austérité est devenue le seul horizon, contre lequel se soulèvent les peuples. Réduire le déficit budgétaire n'est pas un problème en soi. Tout dépend des moyens utilisés. Ainsi, soutenir la consommation et l'investissement public et privé, harmoniser vers le haut la fiscalité des entreprises ainsi que les normes sociales, prévoir de grands emprunts européens pour relancer les investissements en infrastructure et dans l'environnement constituent des outils susceptibles de soutenir la croissance économique et l'emploi et, ce faisant, de réduire les déficits budgétaires. Au niveau européen, la CES plaide depuis plusieurs années pour une forme de plan Marshall d'environ 260 milliards d'euros par an sur 10 ans. Mais cela suppose une reprise en main des marchés financiers, via la régulation et la réglementation. C'est même une condition urgente, car dans l'attente chaque gouvernement est comme anesthésié, redoutant en permanence une réaction des marchés sur le niveau des taux d'intérêt qui grèverait encore plus les budgets. Une révision importante des traités est donc indispensable pour changer la nature et les modalités de la construction européenne.

En attendant, tous ces éléments ont contribué à éloigner l'Europe des citoyens et des travailleurs. Je fais partie de ceux qui, attachés à l'idée européenne, comme facteur de paix et de progrès économique et social, sont opposés aux modalités actuelles de fonctionnement de l'Union européenne. Aussi, lorsque le candidat François Hollande, en campagne, prend l'engagement de renégocier, s'il est élu, le traité de stabilité, de coopération et de gouvernance, j'en approuve l'idée. Ce serait un acte clé pour la suite.

Mais patatras ! À peine élu, le président de la République signe le traité. Pour faire diversion, il annonce la mise en place d'un pacte de croissance et d'emploi de 120 milliards d'euros, dont on attend toujours les résultats. S'il a essayé de renégocier ce traité, on ne l'a même pas su. Le président à peine élu a préféré rentrer dans le moule, la France était pourtant attendue dans tout le continent. À partir du moment où le candidat François Hollande avait promis de renégocier ce pacte, il devait le faire. Dire une chose puis faire le contraire est une attitude qui se paie. Agir de la sorte alimente le discrédit des politiques. Ce renoncement est l'acte fondateur de la politique économique et sociale menée depuis 2012. La France est alors entrée dans la seringue ou l'entonnoir de la réduction néolibérale du déficit budgétaire. La loi Travail s'inscrit pleinement dans cette logique macroéconomique définie par les gouvernements au plan européen et mise en œuvre dans les différents pays. Elle constitue le volet qualitatif de flexibilité et de précarisation sociale complétant le volet quantitatif de réduction des prélèvements fiscaux et sociaux des entreprises. C'est contre cette logique de fond que nous nous battons.

Le mois de juin est marqué par plusieurs mobilisations. Et surtout par la tentative du gouvernement d'interdire les manifestations. Le 14, sur proposition de FO, est une manifestation nationale. Des militants de départements montent sur Paris, en train, en bus ou en voiture. Pour certains d'entre eux, c'est 24 heures au total de déplacement. La foule était importante, la manifestation imposante. Mais les casseurs l'ont polluée.

Dès le lendemain, nous avons tenu une nouvelle réunion à l'Assemblée nationale avec des députés de gauche. Ce même jour, le Premier ministre est l'invité de la matinale de France Inter. Il se montre particulièrement agressif. Il me fait penser à Nicolas Sarkozy dans ses mauvais moments, sur le thème « ce n'est pas la rue qui gouverne », « le texte est bon », « on ne bougera pas», etc. Il charge par ailleurs la CGT qu'il a prise comme tête de Turc. Il lui demande, suite aux violences des casseurs la veille, de ne plus faire de manifestations. Je préviens Philippe Martinez, que je sais en réunion à Rome, et je réagis publiquement et vivement contre les déclarations du Premier ministre, qui remettra le couvert dans une interview au *Journal du Dimanche*. Manuel Valls s'est comporté en pyromane. Il s'est figé, comme je l'ai déclaré, «*droit dans ses rangers*». Un député de la majorité a, lui, affirmé qu'il y avait de la paranoïa à Matignon. Engendrer une confusion entre les syndicats et les casseurs est inacceptable. Les syndicats sont responsables du service d'ordre des cortèges, pas en dehors des cortèges. Le reste relève des forces de l'ordre. Les militant(e)s ayant assuré le service d'ordre de toutes les manifestations ont été exemplaires et parfois soumis à rude épreuve.

Comme le Premier ministre est rigide, que l'Euro 2016 se profile, il donne l'impression d'utiliser les violences des casseurs pour demander l'arrêt des manifestations, ce que nous refusons. Que le Premier ministre discute, cherche un vrai compromis et les manifestations s'arrêteront! Régulièrement, également, il obtient du président de la République un soutien public. Ce qui fut, par exemple, le cas fin mai lorsque François Hollande, du Japon, l'appuie et étale sa fermeté. Certains – mais peut-être s'agit-il de mauvais esprits? – pensent que Manuel Valls utilise régulièrement la menace de démission. Quoi qu'il en soit, *in fine*, c'est le président de la République qui est responsable et, souvent d'ailleurs, à la manœuvre.

Pourquoi le Premier Ministre s'en prend-il ainsi à la CGT? Je ne suis pas le seul à me poser cette question. Certes, il fallait une tête de Turc. Mais je pense aussi que, ce faisant, il voulait donner un coup de main à la CFDT, qu'il qualifie de réformiste. Les deux organisations sont au coude-à-coude pour la première place s'agissant de la représentativité dans le privé, FO étant troisième. Il faut donc aider l'allié. Le cycle électoral est de quatre ans, il a débuté le 1er janvier 2013 et se termine seulement dans quelques mois pour une mesure de la représentativité qui sera annoncée courant 2017.

Après les déclarations du Premier ministre, une menace pèse sur les manifestations. Comme il est d'usage, un parcours a été déposé par les unions régionales syndicales pour le 23 juin à Paris. Après discussions avec la préfecture de police, elles ont même déposé deux parcours alternatifs, plus courts et plus sécurisés. Elles attendent une réponse vers 18 heures le 21 juin. Elle ne viendra pas. Nous apprenons le lendemain matin que la manifestation est interdite et que seul un «rassemblement statique» place de la Nation est autorisé. Un rassemblement statique ? Cela n'existe pas. Si on ne marche pas, c'est un meeting avec prises de parole, pas une manifestation. Par ailleurs, cette forme ne garantit pas la sécurité. À moins d'enfermer tout le monde place de la Nation, casseurs et manifestants et de laisser faire … *Panem et circenses*[1]. Après quelques contacts matinaux, j'appelle Bernard Cazeneuve pour lui demander s'il accepte de nous recevoir rapidement, Philippe Martinez et moi. Je préviens Philippe Martinez qui accepte. Il me demande si on y va à sept organisations. Je lui réponds que ce sera compliqué. Philippe Martinez se propose d'avertir les cinq autres organisations, ce qu'il fait. Par SMS, Bernard Cazeneuve et moi fixons l'heure du rendez-vous à 11 heure. Je me rends place Beauvau. Une nuée de journalistes attend dans la cour. Je dis juste que nous venons voir un ministre que je sais attaché aux principes républicains. Philippe Martinez arrive dans la foulée.

Bernard Cazeneuve nous reçoit, accompagné du préfet de police, de son directeur de cabinet et d'une conseillère. J'ai toujours apprécié l'homme que j'ai connu quand il était au Budget. Il connaît ses dossiers, parle franchement et directement, n'est pas dépourvu d'humour et est effectivement attaché aux valeurs démocratiques et républicaines. Je suis assis

1. Pain et jeux du cirque.

en face de lui. La discussion, serrée, commence. Elle dure quarante minutes. Il nous propose de nouveau la manifestation statique, nous lui expliquons que c'est impossible. Je lui dis que nous sommes prêts à examiner un autre parcours. Le ministre insiste sur les questions de sécurité et la mobilisation importante des forces de l'ordre. Je lui réponds que nous sommes conscients de cette situation, pour être bien informés par les militant(e)s FO dans la police nationale. Le ministre demande alors au préfet de police si un parcours sécurisé est possible. Bernard Cazeneuve défend alors un parcours, qui restera à valider, de 1,6 km autour du bassin de l'Arsenal en partant de Bastille, ainsi que l'autorisation pour le 28 juin, sur un parcours à définir. Je réponds tout de suite que cette proposition mérite d'être examinée et que nous devons en parler aux autres organisations qui sont actuellement réunies au siège de la CGT et nous attendent.

Nous quittons le ministère satisfaits : une manifestation non statique (!) devrait pouvoir avoir lieu.

À la sortie nous racontons à la presse que la solution n'est pas encore là, mais que nous tiendrons une conférence de presse à 12 h 30 au siège de la CGT. J'ajoute : « *On est zen, j'aimerais bien qu'à Matignon ils le soient autant* ». Sur le trajet qui m'amène à Montreuil, j'attends le coup de fil de Bernard

Cazeneuve. Il m'appelle pour me dire que sa proposition de parcours est validée. Par qui ? Je ne lui ai pas demandé, mais vu les déclarations de Manuel Valls des derniers jours, je suppose qu'elle l'a été par l'Élysée. Arrivé au siège de la CGT, j'expose la situation aux autres syndicats, qui l'acceptent. Un communiqué commun est adopté et nous tenons notre conférence de presse. Les médias, nombreux à être présents, relaieront en soulignant les tergiversations gouvernementales.

Je considère que ce jour-là nous avons fait respecter la liberté de manifester, une liberté fondamentale. C'est une deuxième victoire après les premiers reculs, insuffisants, du gouvernement sur le projet de loi. Si on m'avait dit qu'un jour j'irais au ministère de l'Intérieur pour faire respecter cette liberté, je ne l'aurais pas cru. J'aurais demandé à mon interlocuteur s'il avait fumé un joint ou la moquette. Et pourtant, ce fut une réalité en 2016, sous un gouvernement dit de gauche. Cet épisode m'aura conforté sur la stature républicaine de Bernard Cazeneuve.

Plus tard dans la journée, nos unions régionales négocient les modalités de la manifestation avec la préfecture de police. Pour éviter les casseurs et permettre le défilé, un important dispositif de sécurité est mis en place par la préfecture et nous renforçons encore nos services d'ordre. Cet équilibre entre sécurité et liberté de manifester est compréhensible, mais délicat. Des manifestants acceptent mal de devoir passer des barrages pour pouvoir défiler. Ailleurs, dans les départements, les manifestations se tiennent sans interdiction.

Au cours d'une conversation téléphonique avec Myriam El Khomri, je comprends que cela va enfin bouger, mais insuffisamment pour FO. La ministre a apparemment été sensible à un argument : si on ne veut pas que la porte des dérogations soit prochainement complètement ouverte, il faut éviter de l'entrouvrir. Elle annonce vouloir renforcer les quatre thèmes obligatoires de négociation de branche en y ajoutant l'égalité professionnelle et la pénibilité. Mais pas l'emploi et le temps de travail, comme nous le réclamons. Je note cette avancée timide. Un syndicaliste réformiste sait engranger les petits pas. Mais cela reste insuffisant. En ne mettant pas le temps de travail, celui-ci demeure la première victime de l'inversion de la hiérarchie des normes.

Le 28 juin au soir, la section socialiste du 14e arrondissement me demande de participer à un débat sur la loi Travail. J'avais comme contradicteur un militant CFDT de la section, qui fut permanent et avait aussi travaillé dans les relations humaines. Certes, je connaissais mieux – et pour cause – le dossier et rapidement la quasi-totalité de la section (près de

50 présents) était d'accord avec moi. Dont le député Pascal Cherki.

Le lendemain, nous sommes reçus en délégation à Matignon, le Premier ministre organisant, sur deux jours, des réunions bilatérales avec les interlocuteurs sociaux. Quelques jours auparavant, sur France Info j'avais suggéré à Manuel Valls de telles rencontres afin de faire le point avant un nouvel examen par l'Assemblée nationale en deuxième lecture. Le Sénat allait, lui, voter un texte encore plus libéral. La communication gouvernementale était prête : regardez ce que le Sénat, dont la majorité est de droite, fait. Notre projet est, lui, bien équilibré, c'est un projet de progrès. Fermez le ban !

Nous sommes donc reçus à Matignon à 18 h 30, après la CGT. La CFDT et la CFTC étaient déjà sorties plus tôt dans la journée, sans surprise... satisfaites. Sur le trajet je suis averti que quelques médias, dont *Le Point*, déclarent que le gouvernement a raccroché FO ! On m'explique que c'est le fruit du travail du service communication de Matignon. Je vérifie auprès de deux journalistes qui me le confirment. J'arrive dans la cour de Matignon en cassant cette intox. Philippe Martinez et la délégation CGT sortent de l'entretien avec Manuel Valls. Je demande à Philippe Martinez s'il a obtenu satisfaction... Il me répond que non et qu'il me passe le relais. Manuel Valls sourit jaune.

Après la séquence habituelle des photos et prises de vues, l'entretien démarre en présence de la ministre du Travail, de membres des cabinets et de représentants de l'Élysée. Je suis accompagné de trois camarades, Marie-Alice Medeuf-Andrieu, Didier Porte, deux secrétaires confédéraux en charge du dossier, et Cristelle Gillard la militante de confiance qui travaille à mes côtés sur tous les dossiers. Le Premier ministre explique ce que l'on sait déjà. Il reste toujours bloqué sur l'article 2, ainsi que sur les licenciements économiques, le référendum et les accords de développement ou de préservation de l'emploi. Il parle de l'ouverture sur les branches et passe la parole à la ministre du Travail pour l'expliquer. Depuis le début, Manuel Valls n'est jamais entré totalement dans le dossier. Il emploie toujours à peu près les mêmes formules. Il ne connaît guère le social. Pour lui, c'est avant tout un dossier de positionnement politique et d'autorité de l'État. Je commence en lui disant qu'il avait eu raison de répondre à ma proposition de bilatérales, car il fallait qu'il reprenne la main. Ce qui ne lui plaît guère, considérant qu'il ne l'avait pas perdue. J'explique ensuite que, la veille, j'étais dans une section du Parti socialiste et que les militants étaient d'accord avec moi. « *Quelle section ?* » me demande-t-il. « *Celle du 14e arrondissement.* » Il sourit sachant que c'est aussi la section de Pascal Cherki. Mais c'est aussi la mienne !

Je redéveloppe nos arguments, mais il reste fermé. À un moment, je ne sais plus exactement quels mots il a employés, mais il se plaint parce que je ne l'ai pas épargné dans mes déclarations. Je lui réponds qu'il l'a bien cherché. Je lui demande s'il accepte de modifier l'amendement Macron. Il est surpris, me demandant de quoi il s'agit. Je lui explique que c'est l'article 30 sur les licenciements économiques. Puis j'affirme ne pas comprendre ce que le gouvernement a à gagner à une baisse du pouvoir d'achat ou à un raccourcissement possible des délais de prévenance pour les salariés à temps partiel. 78 % sont des femmes, l'articulation vie privée/vie professionnelle va être encore plus compliquée. Aucune réponse précise. Le Premier ministre répète leur attachement à la philosophie initiale du texte. Je finis par lâcher : « *En fait, je trouve ce projet de loi stupide* ». « *Ce n'est pas le terme approprié* », me corrige-t-il. « *Tu as raison, ce projet est con* », ma réponse fuse. Ce sont des termes que je n'utilise guère dans ce type de contact. Mais face à une telle incompréhension, ce sont ceux qui me sont naturellement venus à l'esprit. Je conclus l'entretien en disant : « *Dans ces conditions, il n'y a pas de sortie par le haut* ». Entre le Premier ministre et moi, un dialogue de sourds s'est instauré.

La sortie par le haut apparaît de plus en plus difficile. Le totem de l'article 2, soutenu principalement par le trio Valls/Gattaz/Berger, tient lieu de blocage. Interrogé dans l'émission Face aux Chrétiens[1], je réponds que si le gouvernement cédait sur la majoration des heures supplémentaires ce serait une décision importante. Tout en précisant qu'il y a d'autres points de désaccord de fond.

Le 5 juillet, des manifestations ou rassemblements sont organisés. Pour une fois, je n'y participe pas. J'honore un engagement à Strasbourg avec un débat à l'occasion du 60e anniversaire de l'Institut du travail. Pendant ce temps, des députés de la majorité s'activent. Ils font savoir à l'Élysée que si un compromis avec les syndicats, dont FO, est trouvé, en particulier sur les heures supplémentaires, ils ne voteront pas contre le texte mais s'abstiendront. Cela éviterait le 49.3. Rien ne bouge.

Un autre député, Olivier Faure, que je ne connais guère, dépose un amendement sur les heures supplémentaires qui recueille l'assentiment de 120 à 130 députés du groupe socialiste. Réponse négative et méprisante du Premier ministre dans une réunion de groupe. Le deuxième 49.3 est dans les tuyaux. Le train fou ne s'arrête toujours pas.

Le 4 juillet, je tiens une conférence de presse au siège de FO. J'y annonce que la sortie par le haut

1. Cf. le journal *La Croix* du 1er juillet 2016.

est maintenant impossible. Je rends publiques les contre-propositions que nous avions remises au gouvernement. Force Ouvrière avait deux conditions : revivifier le rôle des branches et sortir les points problématiques de l'article 2, qui concerne la primauté de l'entreprise comme niveau de négociation. Mais le Premier ministre, enfermé dans sa posture, ne connaît pas les compromis. Un communiqué intitulé : « 49.3 bis repetita : une sortie par le bas » est publié, rappelant que l'utilisation du 49.3 est un déni de démocratie et que l'autoritarisme est la face visible de l'impuissance.

La Commission exécutive de FO se réunit le 7 juillet. Elle dénonce à la fois la méthode d'arrogance et de rigidité et le fond du projet de loi. Elle évoque l'imposture sociale, appelle ses structures à maintenir la pression pendant l'été, dans la détermination et sans violence, et annonce un rendez-vous à la rentrée.

La veille, 6 des 7 organisations (Solidaires est absente) tiennent meeting, gymnase Japy à Paris. La salle est quasi pleine. Nous nous succédons à la tribune. Je réexplique les raisons de notre opposition, rappelle la trahison du projet au regard du Front populaire. Je lance quelques formules : « *Quand Laurent Berger sera Premier ministre, Manuel Valls pourra être candidat au secrétariat général de la CFDT et il faudra des syndicats pour défendre les salariés* ».

J'annonce aussi que nous ne laissons pas tomber, que ce dossier collera comme un chewing-gum aux chaussures du gouvernement et qu'il faut continuer à résister, cet été et à la rentrée. Quelques comités d'accueil commencent à être organisés à l'occasion de déplacements du président de la République, du Premier ministre ou des ministres. L'attentat terroriste le 14 juillet à Nice meurtrit de nouveau le pays. La France est à nouveau frappée. La mobilisation doit changer de forme.

Les organisations en pointe contre la loi Travail décident de lancer une carte postale commune. Elle a vocation à être distribuée sur les lieux de vacances puis à être envoyée à l'Élysée. La date du 15 septembre est d'ores et déjà arrêtée pour continuer la mobilisation. Les modalités sont définies fin août.

Le 49.3 est dégainé le 20 juillet 2016, interdisant encore tout débat démocratique. La loi sera donc adoptée sans vote dans un hémicycle quasi désert marquant la fin de la session parlementaire. La loi est promulguée le 8 août, proclamée le lendemain au *Journal officiel* [1].

1. Loi n° 2016-1088 du 8 août 2016 relative au travail, à la modernisation du dialogue social et à la sécurisation des parcours professionnels.

Le dossier n'est pas clos. Nombre de décrets doivent être publiés. Pendant l'été des recours ont été déposés auprès du Conseil constitutionnel, y compris par des députés de la majorité sur le non-respect des procédures et l'utilisation abusive du 49.3. Le Conseil constitutionnel invalide quelques points, non majeurs, mais ne se prononce pas sur l'intégralité de la loi, laissant explicitement la porte ouverte à des questions prioritaires de constitutionalité (QPC). Entre les QPC, les cas individuels qui pourront remonter jusqu'à la Cour de cassation et la non-conformité à certains textes européens et internationaux, le conflit prendra aussi une dimension juridique.

Fin juillet, 58 députés, majoritairement de gauche, rédigent une tribune prévenant que « *la bataille ne fait que commencer* ». Je tiens également plusieurs meetings à la rentrée, dont un à Nantes avec Philippe Martinez le 7 septembre, à Marseille le lendemain. Je participe le 10 septembre à un débat syndical à la fête de l'Humanité. Je ne lâche pas le combat, même si les formes d'action peuvent, elles, évoluer. La confédération a décidé de mettre en place un site Internet dédié aux conséquences de la loi sur les salariés. Ce système de veille permanente sur les implications de la loi Travail sera notamment alimenté par les remontées des salariés eux-mêmes.

Comme toujours, les salariés vont être confrontés à la mise en œuvre de cette loi qui constitue, sur bien des aspects, une contre-réforme. Les quelques points positifs sont loin de gommer ou compenser les graves remises en cause. En outre, les travaux de réécriture du Code du travail, donc le risque de poursuite de l'inversion de la hiérarchie des normes, doivent encore durer deux ans.

Épilogue

Ces quatre mois de conflit laisseront des traces profondes. Partout.

C'est vrai dans la majorité politique où, au-delà des députés qui se sont affichés contre la loi, beaucoup sont déboussolés. C'est vrai dans l'opposition qui, pour se démarquer, n'aura vraisemblablement d'autres choix que d'en rajouter. C'est vrai dans le patronat où déjà les tensions entre organisations étaient palpables du fait de la représentativité patronale. Avec la loi Travail, le fossé s'est agrandi entre les grandes entreprises (Medef, AFEP[1]) et les TPE-PME.

Dans le monde syndical, la loi Travail marquera. La faille apparue se résorbera-t-elle ? La logique du « syndicalisme rassemblé », à laquelle FO oppose l'unité d'action sur des bases claires, ressurgira-t-elle ? Nul

1. Association française des entreprises privées.

ne peut le prédire. Mais les trois premières confédérations demeureront.

Chez les salariés, il y a beaucoup d'incompréhensions et de colère rentrée. De telles lois conduisent à gommer les différences entre la gauche et la droite. Cela marquera la campagne et l'élection présidentielle de 2017. Tout ceci n'est guère réjouissant pour la démocratie. Les politiques, ceux au pouvoir comme ceux pouvant l'être, portent une lourde responsabilité. Gramsci le théorisait à sa manière: «*Le vieux monde se meurt, le monde nouveau tarde à apparaître et dans ce clair-obscur surgissent des monstres*».

Quand les politiques économiques et sociales sont de la même veine, quand on explique qu'il n'y a pas d'autres choix que ceux qui sont mis en œuvre, cela relève d'une certaine forme de totalitarisme ou y conduit. La politique est trop souvent victime du court-termisme, qui plus est un court-termisme souvent guidé et rythmé par les échéances électorales. Ainsi, désormais, pour gagner une présidentielle, il s'agit de résoudre l'équation: comment gagner des voix sans trop en perdre? D'abord passer le premier tour, puis se retrouver au second tour face à la candidate du Front national en espérant gagner grâce au réflexe républicain. Mais faire ce pari n'est pas sans poser un problème démocratique majeur.

Quant au premier tour, on a le sentiment que pour la majorité actuelle il s'agit de déminer sur le flanc gauche pour grappiller sur le flanc droit et pour la droite d'aller plus à droite. On est loin de la définition d'une vision, d'un projet sur plusieurs années, du positionnement de la France dans l'Europe et dans le monde, des orientations ou réorientations à défendre pour l'Europe et dans l'Europe. On est loin également des débats et mesures à mettre en œuvre face, par exemple, à la numérisation croissante.

Comme syndicalistes, nous réfléchissons au passage du fordisme au numérique, à ses opportunités nouvelles comme à ses dangers, à ses conséquences sur le système de protection sociale collective qu'il faut consolider et améliorer. Nous nous penchons sur l'évolution de l'emploi et des emplois. Une loi Travail aurait dû s'imprégner de ces questions, elle ne les a qu'effleurées.

Face au chômage, à la précarité et à la pauvreté croissants, la réponse ne peut pas être de fragiliser tout le monde pour soi-disant rétablir un minimum d'égalité! Fragiliser le CDI ne réduira pas la précarité. Il faut, au contraire, limiter par le droit et/ou la dissuasion le recours à la précarité. Mais pour tout cela il faut oser sortir des sentiers battus en restant fidèles à ses idéaux, oser sortir du néolibéralisme et de sa pseudo-caution sociale qu'est le social-libéralisme, oser s'affronter au dogme, notamment en Europe.

Quel est le poids réel d'un gouvernement, aujourd'hui, en particulier sur les questions économiques? La monnaie relève de la Banque centrale européenne et c'est la baisse du coût du travail qui sert de dévaluation interne. Les pays européens se livrent à une course au moins-disant social et fiscal qui, non seulement plombe le moral des peuples, mais, qui de plus, raréfie ou fragilise ce bien commun de tous qu'est le service public. Pour justifier cette ligne économique on brandit des comparaisons internationales en mélangeant les torchons et les serviettes. C'est vrai en matière de dépenses publiques, de prélèvements obligatoires ou de durée du travail. C'est en quelque sorte : donne-moi ta statistique, je te dirai qui tu es !

Les traités européens encadrent et corsètent de plus en plus la politique économique du continent et les politiques nationales. La Commission européenne n'est pas l'unique responsable. Les gouvernements qui négocient et adoptent ces traités le sont tout autant. Au lieu d'assister à l'émergence d'une zone de progrès et d'harmonisation par le haut, on a accru les divergences. La faute en incombe notamment aux modalités de mise en place de la monnaie unique et aux politiques budgétaires restrictives appliquées érigées en règle, à défaut de projet politique porteur. Je cite souvent cette phrase de Serge-Christophe Kolm: « *Une mouche sur le front, un gourdin pour tuer la mouche: plan de rigueur* ». Le social devient alors une variable d'ajustement quand la science économique se veut vérité incontournable, façonnant le monde au lieu de l'expliquer. La flexicurité est mise en avant alors que, comme l'explique Alain Supiot, juriste spécialiste du droit du travail, « *elle envisage l'être humain comme un matériau souple qu'il faut mener à la limite de la rupture. Cela conduit à raisonner en termes de flexibilité, d'efficacité économique, de marché, de capital humain et d'employabilité. L'état professionnel des personnes envisage au contraire le travailleur comme un être libre, dont la vie s'étend sur un temps long, différent de celui du marché. Cela conduit à raisonner en termes de liberté, de justice sociale, de droit, de travail et de capacité* »[1].

Je pourrais multiplier les exemples de même facture qui font que l'Europe, aujourd'hui, est souvent perçue comme une machine à remettre en cause les droits et inapte à assurer le progrès économique et social. On l'a vu également avec le traitement inacceptable, voire honteux, des réfugiés ou les négociations en catimini sur les traités internationaux comme le TTIP[2]. Quelle

1. Interview, Mediapart, 3 mai 2016.
2. Transatlantic Trade and Investment Partnership (traité transatlantique de libre échange).

Europe voulons-nous ? Quelle démocratie en Europe ? Quelles institutions européennes ? Ces trois questions n'ont guère été débattues en France, à l'exception de deux référendums.

Mais, à titre personnel, je m'interroge aussi sur l'évolution institutionnelle en France. La mise en place du quinquennat dans le cadre de la Vᵉ République aboutit à juxtaposer les calendriers de la présidentielle et des législatives. Entre le président de la République et le Premier ministre, il y en a un de trop ! Le mandat de 5 ans, la prégnance de plus en plus forte des questions économiques modifient la donne institutionnelle. L'Élysée devient plus interventionniste. La présidence s'immisce sur le terrain de Matignon qui, pour exister, n'a d'autre choix que de s'imposer ou de rester dans une stricte loyauté. Le Premier ministre est alors face à un dilemme : être un mentor ou un collaborateur en quelque sorte.

La ligne de partage s'est quelque peu effacée. Il ne m'appartient pas de dire s'il faut revenir au septennat ou changer de Constitution. Mais la situation actuelle doit évoluer. Le président, élu au suffrage universel, parfois avec moins de 30 % des suffrages exprimés au premier tour, n'a de comptes à rendre que tous les cinq ans. Le Premier ministre, chef de la majorité devant le Parlement, a, dans les faits, un positionnement et un rôle de plus en plus compliqués. Le

Parlement, lui, n'a pas tous les pouvoirs qu'il devrait avoir. Telle qu'elle fonctionne, notre Ve République s'avère plutôt, pour reprendre la formule d'Alain Caillé une « *monarchie sans-culottiste* ». L'absence de proportionnelle aux élections législatives constitue une vraie entorse démocratique. Il faut revivifier le rôle du Parlement. C'est lui qui vote les lois, c'est à lui que l'exécutif doit répondre. Or, la loi Travail l'a bien montré : compte tenu du système bipolaire en place, les amendements doivent dans les faits passer sous les fourches caudines du gouvernement. Comment peut-on encore tolérer l'existence du 49.3 ?

Enfin, comment ne pas souhaiter que de vrais débats contradictoires aient lieu en matière de politique économique. Science sociale ou humaine, l'économie n'est pas une science exacte et il est dangereux de la faire apparaître comme telle. Cela tend à gommer les choix possibles au nom de ce qu'on appelait jadis la pensée unique ? Si elle était une science exacte, elle aurait anticipé la crise de 2008, ce qui fut rarement le cas. « *Un expert est quelqu'un qui vous expliquera demain pourquoi ce qu'il avait prédit hier ne s'est pas passé aujourd'hui*[1]. »

Il y a des politiques économiques différentes comme il existe des théories économiques diverses.

1. Attribuée à Winston Churchill.

C'est là aussi une question de démocratie. Il est agaçant de voir souvent les mêmes s'exprimer, de tendance libérale (sociale ou pas ...) ou néoclassique, plus rarement keynésienne. Que n'entend-on pas plus souvent les Jean-Paul Fitoussi, James K. Galbraith ou certains économistes dits atterrés dans le débat public ? Comme si leur discours gênait parce que justement ils montrent – y compris peut-être parfois à tort – que d'autres choix sont possibles. Comment ne pas faire se croiser plus souvent différentes disciplines : économie, sociologie, histoire, démographie pour mieux comprendre le réel, mieux comprendre tout simplement la vie ?

Comme pour le Pacte de responsabilité, l'une des justifications de la loi Travail était la lutte contre le chômage par la création d'emplois et la diminution de la précarité. Or certains de ses auteurs le confient : elle n'aura pas d'effet direct sur l'emploi. Même les économistes les plus bienveillants vis-à-vis du social-libéralisme doutent de son efficacité. Et l'OFCE[1], d'inspiration keynésienne, vient de le confirmer. De fait, la démonstration n'a jamais été faite. Qui plus est, la croissance tant attendue pour inverser la courbe du chômage (sans jouer sur les catégories statistiques) est aujourd'hui plus incertaine. Le Brexit et

1. Observatoire français des conjonctures économiques.

ses conséquences ou le climat induit par les attaques terroristes la fragilisent.

On dit souvent, et à juste titre, que la psychologie et notamment la confiance dans l'avenir jouent un rôle clé en économie. Encore faut-il éclairer l'avenir. Derrière la méthode et le contenu de la loi Travail, ce sont toutes ces questions et réflexions qui sont posées et auxquelles il faudra apporter des réponses.

La loi Travail, par son caractère multidimensionnel (social, économique, politique, européen), apparaît de fait comme un concentré révélateur de ce qu'il ne faudrait plus faire, sur le fond et sur la forme. C'est un peu la goutte d'eau qui peut faire déborder le vase.

En agissant comme ils l'ont fait, le président de la République et le Premier ministre ont passé outre aux diverses majorités qui se sont exprimées, en imposant de force un projet multiminoritaire. Qui plus est, ils ont imposé ce projet d'inspiration néolibérale sans en assumer l'étiquette ou parce qu'ils se sont effectivement coulés dans le moule de l'orthodoxie économique libérale. Ils en ont fait une question personnelle et politique dans des perspectives électorales.

Ils ont joué les apprentis sorciers.

Annexes

ANNEXE 1

LE PRÉSIDENT DE LA RÉPUBLIQUE

Paris, le 29 AVR. 2015

29 AVR. 2015

Monsieur le Secrétaire général,

A l'occasion d'un récent échange, vous m'avez fait part de plusieurs préoccupations, auxquelles je tiens à vous apporter les réponses suivantes.

S'agissant d'abord des minimas de branche, la loi du 3 décembre 2008 a institué deux mécanismes de conditionnalité des allègements de cotisations sociales visant à inciter fortement à la négociation en matière salariale.

Le premier est appliqué : il a pour objet de sanctionner les entreprises qui ne respectent pas l'exigence d'ouverture des négociations annuelles obligatoires sur les salaires (en diminuant de 10 % leurs exonérations de cotisations sociales la première année et en les supprimant après trois années consécutives).

Le second dispositif prévoyait que dans les entreprises de branches dont le minimum conventionnel est inférieur au SMIC, les exonérations de cotisations sociales étaient calculées non sur la base du SMIC, mais sur la base du minimum conventionnel.

Or, un décret du 31 décembre 2010 a prévu que la mesure ne serait mise en œuvre au 1er janvier 2013 que dans l'hypothèse où la part des branches « non conformes » au SMIC au sein des branches de plus de 5 000 salariés n'aurait pas diminué de 50 % sur la période 2010-2011. La diminution aurait en réalité atteint 75%, ce qui logiquement a conduit le Gouvernement à ne pas appliquer le dispositif de conditionnalité.

Bien entendu, si ces chiffres étaient contestés ou venaient à évoluer, cette position pourrait être adaptée, car il va de soi que l'on ne saurait transiger sur l'application des règles de droit aux salariés concernés.

.../...

Monsieur Jean-Claude MAILLY
Secrétaire Général de Force Ouvrière
141, Avenue du Maine
75680 PARIS Cedex 14

S'agissant, en second lieu, des relations donneurs d'ordre/sous-traitants, en effet sources de fortes préoccupations, les problèmes soulevés sont comme vous le savez très dépendants des secteurs considérés. Je demande donc à François Rebsamen et Emmanuel Macron de s'en saisir pour avancer sur le fond, en concertation avec vous.

En ce qui concerne, par ailleurs le bilan des aides aux entreprises, cet exercice relève de l'observatoire du CICE dont la mission a été élargie. France Stratégie doit livrer avant la fin du printemps une nouvelle évaluation, après avoir procédé à l'ensemble des consultations utiles. Sur le fond, l'esprit du Pacte de responsabilité est qu'à l'effort de la collectivité, doivent correspondre de véritables contreparties, tant en termes d'emploi, que de formation, notamment en alternance, ou de qualité de vie au travail.

Enfin, vous avez souligné l'importance des maisons de service public, dans les territoires. Leur développement est une priorité du gouvernement, notamment dans les zones rurales et je note votre intérêt tout particulier sur ce sujet, dont les ministres en charge sont bien entendu disponibles pour échanger avec votre organisation.

Je vous prie d'agréer, Monsieur le Secrétaire général, l'assurance de mes sentiments les meilleurs.

Bien cordialement

François HOLLANDE

ANNEXE 2

Liberté • Égalité • Fraternité

RÉPUBLIQUE FRANÇAISE

MINISTÈRE DU TRAVAIL, DE L'EMPLOI,
DE LA FORMATION PROFESSIONNELLE ET DU DIALOGUE SOCIAL

La ministre

PARIS, LE 16 SEP. 201

Monsieur le Secrétaire Général,

M. Jean-Denis Combrexelle a remis le 9 septembre dernier au Premier ministre et à moi-même un rapport important sur la négociation collective, le travail et l'emploi. Ce document dresse un constat lucide sur l'état du dialogue social dans notre pays et formule quarante-quatre propositions concrètes pour l'améliorer. Nous en partageons les grandes analyses et orientations.

Le dialogue social est aujourd'hui bien vivant dans notre pays. De nombreux thèmes liés au travail et à l'emploi relèvent de la négociation et, chaque année, plus de 36 000 accords d'entreprise et 800 accords de branches sont conclus.

Le rapport de Jean-Denis Combrexelle en rappelle l'importance et la diversité ; il souligne l'utilité de tous les niveaux de négociation collective, sans que l'on doive opposer le niveau de la branche et celui de l'entreprise. Chaque niveau a son rôle à jouer et ce qu'il faut renforcer avant tout partout dans notre pays c'est la culture de la négociation.

Pour autant, le rapport relève aussi certaines limites et une appropriation trop faible de ces capacités de négociation, ainsi qu'une lisibilité parfois insuffisante entre les différents niveaux. Il fait des propositions parfois originales, qui ont le mérite d'ouvrir le débat, pour remédier à cette situation.

C'est précisément ce débat que je souhaite avoir avec vous, fidèle à la méthode du gouvernement depuis un peu plus de trois ans. Vous trouverez joint au présent courrier un exemplaire du rapport Jean-Denis Combrexelle. Je vous propose que nous nous rencontrions à partir de la fin du mois de septembre pour échanger sur les thèmes et propositions abordés dans ce rapport, afin que je puisse entendre vos propositions, désaccords, observations.

Monsieur Jean-Claude MAILLY
Secrétaire Général
Force Ouvrière
141, avenue du Maine
75680 Paris Cedex 14

Je présenterai dans la première quinzaine d'octobre une synthèse de ces discussions au Premier ministre et nous annoncerons les suites données aux propositions du rapport Jean-Denis Combrexelle. Je poursuivrai ensuite la concertation et engagerai la rédaction d'un projet de loi qui sera présenté en conseil des ministres d'ici le début de l'année prochaine, en vue de son adoption par le Parlement avant l'été 2016.

Je vous prie de croire, Monsieur le Secrétaire Général, à l'expression de ma considération distinguée.

Myriam EL KHOMRI

ANNEXE 3

23ème Congrès Confédéral
du 2 au 6 février 2015
TOURS
FO

Confédération Générale du Travail FORCE OUVRIERE – 141, avenue du Maine – 75680 PARIS Cedex 14 – Tél : 01 40 52 82 00 – Fax. : 01 40 52 82 02

Paris, le 20 janvier 2015

- **Aux Présidents des organisations patronales**
- **Aux Secrétaires généraux des organisations syndicales**

JCM/CG/AAA

Monsieur le Président,
Monsieur le Secrétaire général,

Le déroulement de la négociation relative à la modernisation du dialogue social, notamment la séance de vendredi et samedi derniers nous amène à m'adresser à vous afin, d'une part, d'exprimer un fort mécontentement et, d'autre part, de vous exposer les positions de notre organisation en ce qui concerne ce que nous appellerons les procédures et méthodes de négociation collective interprofessionnelle qu'il faut à notre avis revoir conformément aux principes de liberté de la négociation, de démocratie et de respect réciproque des interlocuteurs sociaux.

Nous resterons sur la forme et la méthode essentiellement

La dernière séance de négociation s'est passée d'une telle façon : attente interminable pour un texte qui n'est jamais arrivé, mise à l'écart des informations pour plusieurs délégations, bilatérales incessantes avec des organisations considérées comme potentiellement signataires, absence de confrontation multilatérale, qu'il est absolument nécessaire de revoir certaines règles de fonctionnement entre interlocuteurs sociaux, à savoir :

- Un changement de lieu de négociation.

  Cela avait déjà été évoqué à maintes reprises, notamment à la section du travail du CESE. Il est nécessaire de trouver un lieu neutre de négociation et de ne plus s'en remettre matériellement au Medef pour l'organisation de nos réunions de négociations interprofessionnelles. Nous vous proposons donc un lieu de négociation neutre qui pourrait être, si l'ensemble des parties en étaient d'accord, le CESE, où nous sommes tous représentés, et qui matériellement offre toutes les conditions d'accueil pour les réunions de négociations interprofessionnelles.

- Par ailleurs, il nous semble important qu'un certain « cadre horaire » soit à respecter pour le bon déroulement de nos séances de négociation. Nous rappelons que nous avions décidé qu'il n'était plus question de faire des séances de nuit « au finish », considérant que la négociation ne doit pas se faire sous la contrainte ou la pression, y compris des pouvoirs publics.

- Une négociation, y compris si elle peut comporter des contacts bilatéraux, ne peut se faire uniquement de cette manière. Des réunions plénières et de chefs de file sont indispensables. Sinon la négociation collective se transforme en colloque singulier et privé.

- Enfin, il est à signaler qu'il n'est pas acceptable qu'un projet de texte finalisé par une organisation syndicale ne soit même pas étudié en séance. L'accord national interprofessionnel de 2001 relatif aux voies et moyens de la négociation collective instaurait un droit de saisine des organisations syndicales. Il est temps que cela soit respecté. Dans une négociation chacun est à égalité de droit, c'est une question de démocratie et de respect.

Nous vous demandons donc formellement que ce droit de saisine, entendu largement, soit respecté et mis en œuvre dans nos procédures de négociation collective et que le texte proposé par le Medef ne soit pas le seul à être étudié.

Nous restons à votre disposition et vous prions de croire à nos sincères salutations.

Jean-Claude MAILLY
Secrétaire Général

ANNEXE 4

Madame Myriam EL KHOMRI
Ministre du Travail, de l'Emploi,
de la Formation professionnelle
et du Dialogue social
127 rue de Grenelle
75007 PARIS 07

Paris, le 4 avril 2016

JCM.FP

Madame la Ministre,

Suite au retrait du CPE en avril 2006 a été élaborée et votée une loi en 2007 obligeant un gouvernement, quand il envisage un projet de réforme portant sur les relations individuelles et collectives du travail, de l'emploi et de la formation professionnelle, à ouvrir une concertation avec les organisations syndicales et patronales représentatives au niveau national et interprofessionnel, en vue de l'ouverture éventuelle d'une négociation.

L'article L1 du Code du travail précise qu'à cette fin un document d'orientation présentant des éléments de diagnostic, les objectifs poursuivis et les principales options doit être adressé aux interlocuteurs sociaux.

Or, à la question posée par un député le 29 mars 2016 devant la Commission des affaires sociales, vous avez répondu qu'une demande a été adressée aux interlocuteurs sociaux par courrier le 16 septembre 2015.

Il s'avère, Madame la Ministre, que cette lettre ne répond pas à l'obligation précitée. En effet, elle appelle à un débat sur le rapport Combrexelle puis indique : *« je poursuivrai ensuite la concertation et engagerai la rédaction d'un projet de loi qui sera présenté en Conseil des ministres d'ici le début de l'année prochaine, en vue de son adoption par le Parlement avant l'été 2016 »*.

Or, non seulement nous n'avons pas été concertés sur l'intégralité du projet de loi que nous avons découvert après sa transmission au Conseil d'Etat, mais nous n'avons eu aucun document d'orientation.

Confédération Générale du Travail FORCE OUVRIERE
141, avenue du Maine - 75680 PARIS Cedex 14
Téléphone : 01 40 52 82 00 - Télécopie : 01 40 52 82 02
www.force-ouvriere.fr
CCP : PARIS 5889 99 X - SIRET : 784 578 247 00040 - Code NAF 912 Z

Vous comprendrez, Madame la Ministre, que la procédure n'a donc pas respecté l'article L1 du Code du travail et que, dans ces conditions, FORCE OUVRIERE se réserve le droit d'ester en justice.

Je vous prie de croire, Madame la Ministre, en l'expression de ma considération.

Cordialement

Jean Claude MAILLY
Secrétaire général

ANNEXE 5

Liberté • Égalité • Fraternité
RÉPUBLIQUE FRANÇAISE
MINISTÈRE DU TRAVAIL, DE L'EMPLOI,
DE LA FORMATION PROFESSIONNELLE ET DU DIALOGUE SOCIAL

La ministre

PARIS, LE 08 AVR. 2016

Nos Réf. : /MEK/BG/FD/16-0092070

Monsieur le Secrétaire Général,

J'ai pris connaissance avec attention de votre courrier du 4 avril par lequel vous estimez que l'article L. 1 du code du travail, qui impose au gouvernement d'ouvrir une concertation avec les partenaires sociaux avant toute réforme dans le champ du travail et de l'emploi, n'aurait pas été respecté dans le cadre de la préparation du projet de loi que je porte.

Je ne souscris pas à cette analyse. Le gouvernement a toujours eu à cœur d'associer les partenaires sociaux aux grandes lois élaborées depuis le début du quinquennat, probablement plus qu'aucun gouvernement avant lui. Réformer dans le dialogue est au cœur de l'action du président de la République et du Premier ministre, et le ministère que je dirige l'incarne tout particulièrement. C'est ainsi que cette réforme a été menée dans le respect de l'article L. 1 du code du travail, comme Michel Sapin et François Rebsamen l'ont fait pour la loi de sécurisation de l'emploi du 14 juin 2013, la loi sur la démocratie sociale et la formation professionnelle du 5 mars 2014 ou encore la loi sur le dialogue social et l'emploi du 17 août 2015.

Une entorse à cette méthode sur le projet de loi « travail » aurait été d'autant plus paradoxale que l'objectif de cette réforme est justement de donner une place beaucoup plus importante au dialogue social et de renforcer les moyens et la légitimité de ces acteurs.

A la suite de la remise en septembre du rapport de Jean-Denis Combrexelle sur la négociation collective, le travail et l'emploi, j'ai adressé un courrier daté du 16 septembre 2015 à l'ensemble des partenaires sociaux, dont vous avez été destinataire. Ce courrier engageait une concertation à partir des objectifs et des propositions de ce rapport et, contrairement à ce que vous indiquez, ouvrait bien la voie à une négociation entre les partenaires sociaux s'ils le souhaitaient. C'est parce que les entretiens bilatéraux que j'ai eus avec chacune des organisations ont montré qu'aucune d'entre elles ne souhaitait engager des négociations que le gouvernement a repris la main, conformément à ce que permet ce même article.

.../...

Monsieur Jean-Claude MAILLY
Secrétaire général
Force Ouvrière
141 avenue du Maine
75680 PARIS CEDEX 14

Le Conseil d'Etat a d'ailleurs estimé sans aucune ambiguïté, dans son avis sur le projet de loi, qui est public, que la procédure du 1 avait été respectée : *« (...) la ministre chargée du travail a, par lettres en date du 16 septembre 2015, transmis aux organisations d'employeurs et de salariés représentatives au niveau national et interprofessionnel le rapport qui lui a été remis sur « La négociation collective, le travail et l'emploi » en les invitant à négocier. Ces organisations n'ont pas souhaité engager une négociation sur les thèmes de ce rapport, dont est issue une part significative des dispositions du présent projet. ».*

Les orientations du texte ont ensuite été très clairement présentées par le Premier ministre en novembre et c'est sur cette base que mon ministère a rédigé le texte. La feuille de route de la conférence sociale qui s'est tenue en octobre comportait également cette réforme. Entre septembre et février, mes équipes et moi-même avons reçu à plusieurs reprises les représentants de votre organisation pour échanger sur son contenu et recueillir vos propositions.

Le volet sur le compte personnel d'activité a quant à lui fait l'objet d'une négociation interprofessionnelle, qui a abouti en février dernier à un projet de position commune, dont le contenu a été repris dans le projet de loi.

L'intégralité du projet de loi a été soumis pour avis à l'ensemble des instances consultatives comprenant les partenaires sociaux, notamment la Commission nationale de la négociation collective et le Haut Conseil du dialogue social. Votre organisation n'a pas alors soulevé d'objection concernant l'application de l'article L.1.

Enfin, des concertations se sont tenues en mars au niveau du Premier ministre et le texte qui en est ressorti a substantiellement évolué, ce qui montre bien que les partenaires sociaux ont été pleinement respectés et écoutés.

C'est ainsi que l'avis précité du Conseil d'Etat indique que : *«(...) tenant compte au surplus de ce qu'une concertation s'était déroulée au cours des dernières semaines et de ce qu'elle avait conduit à substantiellement modifier l'avant-projet de loi initial, le Conseil d'Etat a, en conséquence, admis que les dispositions de l'article L. 1 avaient été respectées dans les circonstances propres aux conditions d'élaboration du projet ».*

Sauf à remettre en cause la compétence de cette haute juridiction, il ne peut donc être reproché au gouvernement de ne pas avoir respecté l'article L. 1.

Je resterai bien sûr à l'écoute de l'ensemble des organisations syndicales de salariés et d'employeurs pendant toute la phase parlementaire.

Je vous prie d'agréer, Monsieur le Secrétaire Général, l'expression de ma considération distinguée.

Bien sincèrement,

Myriam EL KHOMRI

ANNEXE 6

FO la force syndicale

Monsieur François HOLLANDE
Président de la République
Palais de l'Elysée
75008 PARIS

Paris, le 28 avril 2016

JCM/AAA

Monsieur le Président de la République,

Au moment où l'on va célébrer les 80 ans des accords Matignon et du Front populaire, je tiens à vous souligner que c'est la loi du 24 juin 1936 qui a, non seulement introduit la procédure d'extension des conventions collectives, mais aussi mis en place, pour la première fois, le principe de faveur en disposant que la convention peut librement traiter des questions non prévues à titre obligatoire, si elles sont plus favorables que celles des lois et règlements en vigueur.

Ce fut un progrès social et économique indéniable permettant un développement de la négociation collective, un taux de couverture conventionnelle élevé et un minimum d'égalité de droit entre les salariés, ainsi qu'une régulation de la concurrence.

Au fil du temps, notamment à partir des années 2000, des dérogations au principe de faveur ont été introduites. Mais la philosophie générale de la hiérarchie des normes demeure.

Ainsi, pour ne prendre que l'exemple des heures supplémentaires, un accord de branche étendu peut arrêter leur taux de majoration et ce n'est qu'en l'absence d'accord de branche que la négociation se fait dans l'entreprise.

En préservant ainsi le rôle possible de la branche et, à défaut, celui de l'entreprise on respecte ainsi l'esprit et la lettre de la république sociale et de cette conquête de 1936 permise par un mouvement social et une réponse positive du gouvernement de Léon Blum.

Vous comprendrez dès lors, Monsieur le Président de la République, tout l'intérêt social, économique et politique d'une préservation du rôle de la branche comme outil de progrès social et économique.

Ce n'est d'ailleurs pas un hasard si l'Allemagne, après avoir procédé à fragiliser les accords de branche, revient aujourd'hui en arrière en revalorisant leur rôle et en introduisant la procédure d'extension pour lutter contre le développement des inégalités et de la précarité.

Persuadé que vous serez sensible à la fois à préserver ces avancées du front populaire et à assurer un développement de la négociation collective à tous les niveaux.

Nous vous prions d'agréer, Monsieur le Président de la République, l'assurance de nos sentiments respectueux.

Jean-Claude MAILLY
Secrétaire général

Confédération Générale du Travail FORCE OUVRIERE
141, avenue du Maine - 75680 PARIS Cedex 14
Téléphone : 01 40 52 82 00 - Télécopie : 01 40 52 82 02
www.force-ouvriere.fr
CCP : PARIS 5889 99 X - SIRET : 784 570 247 00040 - Code NAF 912 Z

TABLE

Si vous souhaitez être tenu informé des parutions
et de l'actualité des éditions Les Liens qui Libèrent,
visitez notre site :
http://www.editionslesliensquiliberent.fr

Achevé d'imprimer en novembre 2016
par Normandie Roto Impression s.a.s. à Lonrai
Dépôt légal : novembre 2016
N° d'impression : 1604610

Imprimé en France